ZENAIDA FERRER MARTÍNEZ

I0141563

DESPUÉS DE LA LÍNEA

EDITORIAL LETRA VIVA
CORAL GABLES, LA FLORIDA

A Mauricio y a Violeta, sol y luna,
luna y sol de mi vida:

Si al leer mis relatos, les enseño
cómo hay que amar la raíz y el árbol
antes de tener el fruto, me sentiré
realizada.

ÍNDICE

DESPUÉS DE LA LÍNEA

PRÓLOGO
Detrás y delante de la línea
Por José Aurelio Paz[1]

Yo nací en una cajita de música. Aunque no era payaso ni bailarina. Era la casa la que giraba en torno a mí. Techo de familia pobre, su cinc era un telón lleno de agujeros generosos que entablaban una especie de sinfonía para mi imaginación. Si dejaba pasar el Sol, este dejaba sobre mi mosquitero una película infinita de nubes apuradas. Si dejaba que Mayo se colara, convertía entonces a mi madre en la timbalera de una Steel Band, sacándole sonido a las goteras al colocar palanganas y calderos.

Cuento esto porque ahora mi amiga y colega Zenaida Ferrer, ha logrado que recupere, con estos breves relatos suyos-míos, las migajas de una infancia extraviada en la adultez; ese síndrome de Hansel y Grétel de emprender el camino de regreso a la casita de caramelo, si nos devuelve con sus historias algo tan trascendente por común: el barrio cubano.

Si busca usted en Detrás de la línea un libro de pretensiosas complejidades literarias no siga leyendo. Ciérrelo de un portazo como quien se va

---

[1] Periodista e intelectual cubano. En el 2009 recibió el Premio de Periodismo Cultural *José Antonio Femández de Castro* por la obra de la vida, del Ministerio de Cultura de Cuba.

sin mirar atrás. Pero si lo que pretende es emocionarse, entonces, ¡adelante! Dele vuelta a esta hoja y sumérjase en los recuerdos de su autora, que son los mismos de muchos de nosotros, tejidos con la calidez y la delicadeza de esos encajes invisibles que solo la memoria logra restaurar.

Leyéndolos pensé en el poeta turco Nazim Hikmet por dos razones. Una, porque logró contar lo universal a través de lo municipal, en tanto la vida de una localidad es siempre el reflejo, a pequeña escala, de los problemas globales. Y aquí ella lo consigue desde la geografía barrial de los afectos, que no es más que un manojo de casas y calles perfectamente ubicadas en su mapa espiritual.

Dos, porque si bien el autor de La sangre no habla, fue víctima del exilio por su militancia política, en estos textos se vive el destierro voluntario de la periodista sutil, que no logra desprenderse del pequeño espacio físico que le diera vida y, por ende, siente igual desazón (aunque siempre pueda regresar al lugar que le diera vida, pero no al tiempo vivido) por una lejanía que no solo se mide en millas o kilómetros, sino, además, en in-medidas del alma. A contrapelo del título citado, aquí si habla la sangre.

Detrás de la línea, tiene también el valor de cruzar, de transgredir, el invisible trazado de los recuerdos para rediseñar temas actuales. Más allá del olor a cangrejitos recién horneados y a pan trenzado, más allá de revivir personajes reales de su infancia como el policía Juan o el magnífico lustrador de zapatos que era el cojo

Eloy, sus relatos, aparentemente inconexos, permiten experimentar el aroma a Nomeolvides de la familia cubana, esa admiración que aquí se destila, ya casi extraviada en las nuevas generaciones, y que, penosamente, solo se recupera a veces cuando se está lejos y no se puede sentir su perfume real.

Hablaba de lo de lo universal de este texto, porque al cruzar ese ferrocarril con rechines de ruedas de hierro sobre rieles y pitazos de madrugada en la estación más cercana al mundo de la autora, uno descubre la fauna habitual, en cualquier latitud, del ladrón, el fumador de marihuana, el mirahuecos, el malhechor, el borracho" y hasta algún que otro loco famoso, alucinado, como Tres Pelos, con discursos enrarecidos con palabras muy cultas y su imagen contagiada de pasión revolucionaria...".

Estoy convencido de que Zenaida no aspira con este libro a ningún premio editorial. Ya ha sido premiada por esa capacidad para contar, de manera natural, y conmover al lector que hace de estas esquirlas de su más fina y valiosa cristalería, calidoscopio propio, regreso al barrio y a la casa, a ese punto originario al que siempre volvemos, aunque sea imaginariamente, si el fruto siempre regresa al árbol, el árbol al retoño, el retoño a la semilla y la semilla a la tierra, de donde un día fuimos formados tras un soplo de amor.

DESPUÉS DE LA LÍNEA

Después de la línea

Cuando nací, realmente sin sol, en una fría y lluviosa madrugada del mes de octubre, plena de vientos huracanados (pasaba cerca de Cuba un ciclón de moderada intensidad), no llegaron a tiempo al hospital de la localidad ni médico ni comadrona alguna, pero sí, por suerte para mi madre y para mí, un enfermero que la asistió.

Eso, claro está, me lo contaron, pero desde ese momento viví, junto a mi numerosa familia, en ese pedazo de la Isla que es mi Ciego de Ávila amado, cuando el pueblo no era la ciudad grande que es hoy y casi todos sus habitantes se conocían entre sí.

Mi humilde casita de la calle B, de tablones de madera pintados de azul, tenía un portal pequeñito y un jardincito minúsculo, donde las manos hacendosas de mi madre hacían maravillas para tenerlo florecido siempre. ¿Pueden imaginar el tipo de casita que dibujan los niños con el techo a dos aguas, una sola puerta y una pequeña ventana al frente? Exactamente así era mi casa, justo a dos cuadras de la línea central de ferrocarril.

El barrio sur, después de la línea, allí vivíamos. Los Ángeles le decíamos porque no queríamos que nos lo colaran un poco más a la derecha y nos lo confundieran con otro que llamaban Chincha Coja, como si todos, los mencionados y

Maidique y tantas otras barriadas no hubiesen sido más que albergues de gente humilde y sin un peso en los bolsillos.

Había mucha nobleza en casi todos los seres humanos de esos lares, ¡tantos deseos de hacer y de crecer y de mejorar sin perjudicar a alguien! Había honestidad y solidaridad humanas y mucha inteligencia para sortear la miseria y sembrar la alegría.

La escuelita del barrio, donde muchos aprendimos a leer y a escribir con la maestra Isabel; la bodega de María y Alfonso, con el traga níquel sonando y sonando "desengañado de bares y cantinas, de tanta hipocresía, de tanta falsedad". La planta eléctrica al frente de la casa, con rana-toros en sus enfriaderos para atormentarme con miedos y temblores, pero con sus grandes y frondosos árboles de nogal envolviendo las rejas de sus límites.

Las hojas de nogal si cuando están verdes aún, se ponen dentro de un libro, empiezan a marchitarse y luego terminan sepias, caladas, dejando ver el mapa de su armazón de venas, como esqueleto al aire.

La panadería de los chinos, *La Fama*. Su olor a pan recién salido de los hornos envolviendo la atmósfera desde la madrugada. Algunas veces, cuando papi se iba a su trabajo al amanecer, pasaba primero a comprar pan calentito y volvía a casa para meternos dentro de los mosquiteros un pedazo de ese manjar de dioses.

Las calles sin asfalto que se llenaban de barro y charcos apenas con un simple aguacero, lo que hacía que los vecinos saliéramos de nuestras casas al "pueblo" con zapatos viejos que se dejaban en cualquier escondite entre las vías férreas, para de ahí en adelante caminar por calles y aceras limpias, cementadas, con unos mejores que siempre se llevaban guardados.

El vecindario… ¡cómo había gente bienhechora entre mis vecinos que hacían gala de aquello de "el familiar más cercano, el vecino más cercano"!. ¡Cuántas mujeres sufridas, desconocidas, resignadas, mansas como palomas, maltratadas a veces por maridos brutos y otros hombres de sus familias, machistas en extremo, que no sabían vivir de otra manera por la incultura que los consumía y la exigencia social de hacer su papel de macho-varón-masculino, mientras sus parejas, además de soportarles, criaban hijos, sobrinos, niños del barrio, y aun así tenían suficiente paciencia y sabiduría para hacerles añorar la luz!

Una vez pasó una mujer en harapos regalando sus hijos, cinco en total, de entre siete meses y cinco años más o menos, todos sucios y con las barrigas hinchadas de parásitos. Una de las niñas fue acogida en una casa de la siguiente cuadra por un matrimonio modelo que no tenía hijos propios. Pasados los años fue mi amiguita cercana y adoraba a sus padres, que creía carnales. Luego, alguien le contó su historia y se puso como loca a tratar de encontrar a su madre biológica. Fueron sucesos muy dramáticos.

En el barrio, aunque no abundaban, también había fumadores de marihuana, ladrones, mirahuecos, malechores, borrachos y hasta algún que otro loco famoso, alucinado, como Tres Pelos, con discursos enrarecidos con palabras muy cultas y su imagen contagiada de pasión revolucionaria que lo llevó a colgarse medallas en el pecho, collares de santajuana en el cuello y a vestirse de verde olivo, "como los rebeldes de Fidel", afirmaba-.

Estaba el policía Juan, que cuando llegó al barrio, meses antes del triunfo de la Revolución en 1959, con el uniforme azul prusia apretando su enorme barriga, acompañado por esposa, dos hijas e hijo, llevé a Titi, la mediana, a conocer mi casita y al pasar por el excusado que aún permanecía a un costado del patio, en espera de la terminación del servicio sanitario, le dije "eso que está ahí lo caga mi papá". Santa explicación.

María, su esposa, me enseñó cómo leer el reloj, con dos huesos de pollo uno largo y uno corto, sobre el plato en que acababa de concluir su cena, me hizo una demostración tan gráfica, que nunca más la olvidé. Todo fue a raíz de contarle que esa mañana, en el Centro Escolar, mientras esperaba a mi hermana Nilda que estaba en una reunión, una profesora me mandó a ver el reloj de pared de la entrada para saber la hora. Me dio pena decirle que no sabía leerlo, salí y busqué afanosamente a alguna persona que me ayudara, pero ni un alma en los alrededores, de manera que inventé la hora (calculada por el hambre de mi estómago), y dije son las 12 y media, y todas salieron a mil del local para ir a sus casas a preparar el almuerzo, tan de prisa que ni siquiera miraron hacia el reloj. Yo quedé con cargo de conciencia y por eso le narré lo sucedido a esta mamá, que era muy especial.

Un personaje muy querido era el cojo Eloy, lustrador de zapatos que conducía su bicicleta con un solo pie pues el otro era una pata de palo. En esos menesteres también andaban Isaac, Pimpilla y Tribilín, quienes pasaban y recogían el calzado a limpiar y en su casa hacían una larga fila de calzados negros, carmelitas, blancos, de dos tonos, para dejarlos como nuevos y que no se manchasen unos con otros.

Y tenía yo muchas amiguitas: Angelita, Xiomara, Rocío, Sonia, Moty, Rosi, Jade, Vivian, Esperancita, Lily, Ridia, Luly, Glice, y otras de la misma cuadra y de los alrededores, como Triny, "el chivo" le decíamos porque caminaba dando salticos.

Ella venía de más al sur pero nunca supimos dónde era su casa.

Entre las vecinas, amorosas, maternales, tenía preferencia por Delma, Tita, Chicha, Ohilda, Nana, Dulce, Esther, Yeya, Elsa, Elena, Juana, Eneida, María y por las respetadas Carlita y Herminia, que eran las enfermeras gratuitas para inyectar a los niños del lugar.

A veces mi madre cuidaba a Iris, la hija mejor de mi tía Hilda, que vivía dos cuadras al fondo de nuestra casa. Descendiente de un repentista de música campesina, Iris se metía en el pasillo lateral de la casa a jugar solita, mientras improvisaba versos que cantaba en tiempo de punto guajiro. Me encantaba oírla componer cuartetas a mi mamá, a quien amaba mucho.

Cuando la situación estaba muy apretada, en ocasiones, a la hora de almuerzo mi madre nos enviaba a las dos hijas menores a la casa de la tía Onelia a buscar una cantina de arroz y otra de frijoles. Esta tía, joven y hermosa, vivía con más holgura, porque su esposo tenía buenos trabajo y salario en la planta eléctrica de Vicente. Me encantaba ir allá también a jugar con Lupe, mi primita querida, y a ayudar a cuidar a Jesusito, el pequeñín.

Mami tenía rutinas que a ninguna pasaban inadvertidas. Si se ponía a cortar la leche de vaca para hacer dulce, un manjar al que le rayaba cáscara de limón y adicionaba rajitas de canela, y que luego servía en una dulcera redonda de cristal, ya presumíamos que vendría Lily, una linda primita que se desvivía por el dulce de leche.

Un Día de Reyes, los adorados Melchor, Gaspar y Baltazar no pudieron traernos a Tere y a mí, más que una cocinita con calderitos de aluminio pintado de colores y un blúmer azul para ella, rosado para mí…a pesar de habernos portado muy bien, ser excelentes en la escuela, hacer las tareas y dejarles la cartica con nuestras peticiones, agua y yerbita para los camellos y acostarnos temprano.

Estábamos ambas en el portal, entre felices e insatisfechas cuando vimos aparecer por la esquina a Cary, mi madrina, con una enorme caja de muñecas. Enseguida Tere comentó entre sollozos: -tu madrina te trae un regalo. Yo no sabía qué decir. En cuanto Cary llegó, viendo la ansiedad en nuestros rostros infantiles, abrió la tapa de la enorme caja y dentro venían dos muñecos, uno varón para Tere y uno hembra para mí. Los enviaba la tía Aida, hermana de papi, sabedora de la cortedad de esta visita de los reyes magos. Ni les cuento de la alegría de ambas pequeñas.

Tuvimos por un tiempo una gallina pescuezipelada, que la criábamos como una titi malcriada: dormía en nuestra camita con su largo cuello por sobre la almohada. ¡Ni pensar en comérnosla aunque no hubiera qué cocinar, de eso nada! Pues una mañana se nos perdió la titi y salimos todos a buscarla por el barrio. Decepción total y llanto unánime: en una caja de basura, lejana a nuestro jardín, estaban las plumas negriblancas de nuestra gallinita. Casi declaramos duelo nacional en la casa.

Una a una fueron saliendo las hembras de la casa, nada de nada, ni se imaginen: vestidas de blanco como novias inocentes, "señoritas" y casadas con todas las de la ley, como correspondía a las muchachas decentes, y claro mi hermano también desposó a otra muchacha decente, señorita, vestida de blanco, con boda de enorme cake, brindis en copas y fotos en blanco y negro para la historia.

Sólo quedamos las dos más pequeñas, acompañando a papi y a mami, pero Tere concluyó el bachillerato y se fue a estudiar medicina a la universidad, ¡un verdadero lujo en esta familia de pobres! De allá me fui la última de los hijos, siendo la más pequeña fue normal eso. A estudiar y a hacerme útil y pasaron muchos años y mis padres vendieron la casita y se fueron tras la mayoría de las hijas a la capital.

Transcurrió la vida y hubo muertes y buenas y amargas experiencias. En mi cabeza, como en mi corazón, se han ido anidando páginas de vida imperecederas, pequeñeces que en ocasiones pasaron inadvertidas. Historias muy íntimas de las que me enorgullezco o no, y ahora confieso. Anécdotas con algo de realismo y mucho más de imaginación.

Relatos que no por cotidianos y sencillos dejaron de implantar hondas trazas en mi ser, en particular, después que hilvané unos y otros, la mayoría sobre mujeres heroínas de una maltratada existencia que marcaron la mía, mi madre en primerísimo lugar, o sobre la nostalgia y la tristeza de la ausencia de seres amados que emigraron de Cuba a lo largo de estos años por una u otra causa. Es como abrir una ventana para que entre el sol.

Son historias escritas como bálsamo para mi alma, endorfinas para la mente. Intentos de la memoria para que la niña que fui no se avergüence de la adulta que soy. Experiencias que aún palpitan y siempre tendrán su espacio Después de la línea.

UNA FAMILIA PERFECTA

Cuando era niña soñaba con tener una familia perfecta. A la mía, esta donde me movía diariamente, le encontraba defectos y quería más. Mi padre, gran trabajador, tremendo albañil, que salía de madrugada de la casita donde vivíamos a hacer mezcla y poner ladrillos y mosaicos, según fuera el caso; mi padre, que era mi ideal, trigueño, fuerte, velludo con ese "olor a hombre" que se desprendía de sus brazos cuando recién bañado mis hermanas mayores le pasaban un fino peine por los pelos enmarañados que se enroscaban en sus músculos para tratar de deshacer las bolitas de cemento y arena que se habían acomodado ahí, como en casa propia; mi padre, que los domingos nos tocaba la guitarra a la familia y nos enseñaba a cantar a dos voces a mi hermanita Tere y a mí, *La bayamesa* o una canción sobre Martí y Maceo (el héroe que más admiraba) "en opuestas regiones dos almas grandes nacieron...el Apóstol de Cuba, el verbo elocuente, en la inmensa Habana, fue donde nació, el genio guerrero, Maceo en Oriente"; mi padre que vivía tan obstinado, tan joven y guapo como era, y cada día, cuando regresaba de su fuerte labor con apenas unas monedas en su bolsillo para alimentar a una tropa de seis hijos, mujer, hermano y sobrino, se metía un trago o miles, de ron o de aguardiente, vaya Usted a saber, para olvidar las penas, aunque supiera que regresar bebido al hogar era motivo de discordia; mi padre, a veces violento utilizando palabras soeces y tirando puñetazos al aire y a quien se acercara cuando la impotencia lo hacía presa; mi padre, pícaro caballero que gustaba de lanzar miradas y piropos a cuanta mujer con saya apareciera en su horizonte –si era negra o mulata, mejor-; mi padre, cantante e improvisador "yo soy Juan Ferrer un hombre de ley", que hacía las delicias de la casa y de la familia que se reunía para oírlo cantar acompañado por su guitarra desde Mujer Perjura hasta Pensamiento y se ufanaba de conocer a Teofilito y de haber cantado alguna vez en escenarios callejeros improvisados con el trío Matamoros; mi padre que nos enseñó a amar la música como complemento para el alma y nos hacía cantar a todos en casa, a la mayor, la más afinada y melodiosa; mi padre, que se afeitaba con navaja afilada que yo, pequeña todavía, tuve la osadía de utilizar para sacarle punta al lápiz y al volver él del trabajo, no saber dónde meterme y permitir que su voz de trueno regañara a todos, menos a mí porque "ella es tan chiquita que no se atrevería a tocar la navaja"; mi padre, galán que gustaba de combinar camisa y medias, que mi mami ayudaba tras el baño, a secar, entalcar y a ponerse sus mejores galas; mi padre que se pasaba mucho rato frente al espejo peinando y repinando su pelo lacio, chino, untado con brillantina para que quedara hacia atrás, inamovible; mi padre, tan fiero y tan tierno, que luego nos cargaba en sus rodillas y nos pedía que le cantáramos y nos aconsejaba sobre cuidarnos porque éramos niñas y podía venir algún hijo de la gran puta a querer jodernos; mi padre en fin, que aun reconociendo su enrevesado carácter amaba y amo como a ningún otro hombre. También estaba mi madre, esa señora tan delgada de piernas gordas que parecía se fracturaría por la cintura, con su cabellera larga y lacia, porque el marido le prohibía cortarse el cabello; mi madre multiplicada en cuidar hijos propios y ajenos, lavandera de ropa de casa y de otros hogares para ayudar a conseguir el pan de la familia; mi madre, costurera de a real que se pasaba largas horas nocturnas pedaleando su Singer como si el sueño hubiese huido de ella; mi madre, cocinera de *fast food*, que cuando llegaba mi padre con las monedas del día, salía disparada a la bodega y a la carnicería por un medio de arroz y 20 centavos de picadillo y luego hacía los más ricos plátanos maduros en tentación, a los que rociaba con vino seco y en días de fiesta hasta les polvoreaba sobre la miel un poco de queso rallado; mi madre que aun sin fuerzas, me cargaba ya *zangaletona* y me mecía en el sillón cantando una única canción, siempre la misma, siempre igual, con su voz de soprano, muy bajito para no molestar, (que era lo propio de una mujer de su tiempo) "adiós, adiós, lucero de mis noches, dijo un soldado al pie de una ventana"; mi madre que luego mecía al sobrino caído del cielo con solo nueve meses de edad, y que cuidó y amó como a cada uno de sus verdaderos hijos; mi madre, que cuando cocinaba y servía pollo siempre decíamos ¿por qué le gusta tanto la columna y solo a veces un ala?; mi madre que ponía lentejas en agua la noche anterior y todos sabíamos que venía Papaíto (el abuelo materno) a almorzar y ese era su plato preferido; mi madre, que cuando no tenía de dónde, inventaba un postre que bautizó como "besitos" y no eran más que bolitas pequeñitas de harina con huevo y vainilla que freía y echaba dentro de un pomo con almíbar de azúcar y ralladura de cáscara de limón y era una delicia como todo lo que hacía con sus manos; mi madre que perdía la cabeza por una película de Jorge Negrete y alguna vez logró ir al cine con su vecina y esa carga le valía para todo otro año de vicisitudes; mi madre oyendo novelas de amor por una radio comprada a plazos, mientras cosía a mano o fregaba la losa; mi madre, con sus ojos claros y limpia mirada, toda amor, que su sobrino-hijo criticaba porque pasaba cerca de su escuela y tenía rotos y zurcidos los tenis que calzaba; mi madre, doctora para cuerpos y almas, que pasaba su mano húmeda sobre nuestras cabezas y se llevaba la fiebre con amor, más que con medicinas; mi madre santa, mi madre honesta, mi madre que lavaba y repasaba la ropa viejita de sus hijos y zurcía y ponía parches para regalarla a niños más pobres que vivían aún más al sur de la línea de ferrocarril; mi madre haciendo muñecas de trapo para alegrar corazones infantiles del barrio pobre en Día de Reyes. Tenían mi padre y mi madre un don hermoso que se ha ido perdiendo: eran un imán para las familias de ambos árboles, así que la pequeña casa de madera se llenaba los domingos con tíos y tías y primos y primas y siempre había respeto

y siempre se hacía música y ellos, fatigados y
tratando de sacar del sombrero del mago algún
picadito para los inevitables tragos, y luego
cuando todos se iban, aun a mi madre le quedaban fuerzas para recoger, fregar, limpiar y de-
jarlo todo en orden, porque la casita era muy
chica, y cuando se cerraban su puerta y ventana
frontal, casi toda se convertía en dormitorio, así
que todo tenía que estar limpio y armoniosa-
mente recogido para que las camas cupieran en
los lugares precisos y el sueño reparador acu-
diera a nuestros cuerpos y almas, por eso nadie
soñaba con dormir una mañana, que bien temprano, ya empezaba el proceso al revés y todo
recogido y guardado y todo en orden y entraba la
luz del día por la pequeña ventana de la sala.
Mis tres hermanas mayores, distintas entre sí,
pero todas bellas, bellísimas, inteligentes, trabajadoras; las veía desde mi ingenuidad de niña y
me parecían diosas; mis hermanas jóvenes en
tránsito hacia mujeres, que se intercambiaban
las ropas y siempre parecían vestidas con trajes
nuevos; mis hermanas llevando a casa sus primeros amores a pesar de la rectitud, a veces in-
tolerable de mi padre; la primera en casarse con
otro hermano desde siempre, toda vestida de
blanco con un traje largo y vaporoso, haciendo
realidad un sueño de princesas; mis hermanas
empezando muy jóvenes a trabajar dos en peluquería, la otra en oficina como secretaria; mis
hermanas tratando de hacer realidad las ansias
de las dos pequeñas el Día de Reyes, comprando
con sus modestos sueldos algunos juguetes para
endulzar nuestra niñez; mis hermanas turnán-
dose para fregar y limpiar y todas juntas con

mami a la cabeza pintando la casa el fin de año
y los muebles de la sala con esmalte blanco y rojo
en los travesaños de los sillones, armando arbo-
litos naturales para la navidad. Mi hermano, un
carpintero que se enroló en el trato con la madera desde los nueve o 10 años; mi hermano sa-
crificado y sacrificándose para contribuir a la
economía familiar; mi hermano con voz de barí-
tono que le traía serenatas a mami el día de su
cumple o de las madres "se está poniendo blanca
tu negra caballera", así le cantaba; mi hermano
enamorado y trayéndonos desde muy joven una
novia que se convirtió y lo es, hermana también;
mi hermanita contemporánea, ambas de la segunda vuelta de las relaciones entre nuestros
padres que estuvieron cinco largos años separa-
dos y él con otra y teniendo otros dos hijos a los
que también llegamos a querer como hermanos;
mi china linda, de pelo largo y oscuro, con tira-
buzones a lo Lulú de los animados infantiles; tan
sensible y a veces tontita, que para ofendernos
en nuestras normales discusiones de niñas, buscaba una palabra soez que empezara con la T,
inicial de su nombre y al no encontrarla, le decía
tomate y eso era suficiente para hacerla llorar;
mi hermanita con quien compartí desde que abrí
los ojos al mundo, que cuando era adolescente
empezó a mirarme por encima del hombro porque ya le permitían ir a una fiesta y a mí no, o
cuando una mamá de amigas las llevó a Vara-
dero al Festival Internacional de Música y a mí
no me dejaron porque era casi dos años menor,

luego venía contándomelo todo y queriendo decirme que estuve allí con ella. El tío hermano más joven de mi papá, un guapo hombre rubio de grandes ojos y largas pestañas, que hacía mosaicos y nos llevaba a la fábrica para que viéramos el proceso de llenar los moldes con los colores distintos y apretar la prensa y luego asistir al milagro de la losa terminada; el tío que cuando Camilo se perdió en el mar nos hizo un mosaico con los colores azul y blanco mezclados que parecía un mar revuelto en el que había insertado la imagen del héroe inolvidable aparecida en la portada de la revista Bohemia; el tío que también cantaba muy bien y rasgaba la guitarra y entonaba melodías más contemporáneas; el tío salido a buscar esposa al lejano pueblo matancero de Jovellanos para aparecer unos meses después con un niño en brazos, que mami y mis hermanas mayores acunaron, alimentaron y le cantaron nanas durante eternas noches hasta que aprendió que esta era su familia por siempre; un verdadero pillín, revoltoso, buscador de líos con otros fiñes del barrio, negado a la disciplina de la escuela que le fue entrando poco a poco, rebelde con mami a quien llegó a adorar...¡Qué familia! Pobre, no sabía, no era capaz de entender la vida que a la postre se llevó mi tesoro. ¡Qué inmensa riqueza que no veía por ningún lado hasta que la existencia misma, con sus andanzas imparables, me la fue repartiendo en pedazos como rompecabezas!

DÍA DE LUZ

A Caridad este segundo toque de suerte de la vida, le parece un alumbramiento. No es que quiera decir que el sol es más claro o que el verdor de los árboles de frente a su casa es más intenso que ayer. Es otra cosa.

-Descubrir el mundo a mi edad, ¡qué cosa, Dios mío!

En la bodega de la esquina lee el letrero que siempre estuvo allí, La Casa de Gilbo, y lo encuentra hermoso y hasta musical. –Qué ocurrencia, se dice, si Gilbo es solo el empleado, mejor debía decir La Casa de María, que es la dueña. Por cierto, agradece a este solterón empedernido e infatigable tendero, el que siempre la haya saludado con respeto y gentileza.

Camina despacio hacia la panadería de los chinos. La Fama, lee.

Y de verdad que era famoso este horno atendido por asiáticos que llenaba de olor a pan recién salido del fuego los albores de cada día en la barriada. Compra pan, compra.

Con una cesta llena de cangrejitos, pan trenzado y de flauta, cruza hacia la bodega de Nené y compra mantequilla. De paso se fija en el letrero de la vieja escuelita de al lado, "Bartolomé Masó". -Tremendo patriota, piensa.

Contoneando sus caderas, marcha atravesando los portales techados de las humildes casas de la cuadra. Se detiene en el número 57. -¿Fela está?, pregunta.

-Si sale el padre, abro un hueco en el piso y me meto, pero si es la madre la cosa es más fácil, se dice mentalmente.

Ahí parada, esperando a Fela, su mente evocó momentos muy difíciles de cuando vino al barrio del brazo de Gallego. Ninguna familia salió a darle la bienvenida a la recién llegada, y luego, por los visillos de su ventana, miraba cómo las vecinas salían a la calle para no pisar su portal.

Barriada Los Ángeles, barriada del sur, de pobres como ella misma, pero ¡qué trabajo le ha costado conquistar respeto y confianza!.

El amor de Gallego fue la primera oportunidad de su vida, ya casi en los 30, después de trabajar desde los 12 años. Su madre, campesina como ella, con otros cinco hijos menores para alimentar y cuidar, solo le dijo: -Tienes que ir, Caridad, no llores. Vas a limpiar y a lavar, pero eres muy bonita y enseguida los hombres te van a querer. Así la despidió el día aciago en que la entregó a su madrina (no un hada precisamente), para llevarla a lo que sería su hogar por 18 años: uno de los más visitados burdeles de La Zona.

Desde entonces, la niña transitó a joven, a mujer, desandando los más bajos escalones de la vida, pero resguardó el frescor de su alma y nada pudo opacar el brillo de sus ojos de gitana.

Cuando fue solicitada por Gallego, un número más en su larga lista, se percató de la calidez de su trato, agradeció sus palabras bonitas, ¿sinceras?, y le gustó jugar a sentirse querida.

-Madre, decía para sí, este hombre me desea, pero su ternura me habla de amor.

Gallego la sacó de La Zona y la llevó consigo a su casa sin dar explicaciones a nadie. La pobre Caridad no atinaba a salir, sabedora de que los vecinos conocían su historia y porque repelía la codicia en los ojos de los hombres y el rechazo en los de algunas mujeres.

Fela tenía entonces 18 años, estaba de maestra voluntaria en un aula y le sobraba el coraje. ¿Qué le importaba a ella de dónde salió Caridad?

—Ese es su problema, meditaba.

Decidida, una mañana tocó a la puerta de la casa de Gallego y sin preámbulos espetó a la diva: -¿Sabes leer y escribir?

-No, claro que no, respondió Caridad bajando los ojos.

-Pues desde mañana te daré clases aquí mismo, hasta que te sientas en condiciones de incorporarte al aula.

Y así fue. A contrapelo de la opinión de su padre, desinhibida, terca como una mula, Fela violó el código de la gente del barrio y le enseñó letras y números a Caridad, y no paró hasta que la "exmujer de la vida", leyera de corrido y escribiera mucho más que su nombre.

En ese momento, salió Fela a saludarla y la invitó a entrar y sentarse.

-Deja, deja, solo venía a traerte estos panes y a decirte que es muy hermoso el libro de versos que me prestaste.

Le hizo un ademán de despedida con la mano y pisó fuerte en el portal, ya sin tanto contoneo, y sintió que sí, ciertamente, el día estaba más claro y los árboles reverdecidos.

Tita

Un fuerte olor a cabello de negra chamuscado se desprendía de su casa desde bien temprano en la mañana, cuando Tita calentaba las tenazas con que estiraba "las pasas" de sus clientas.

Ella era una mujer negra imponente: no muy alta, pero tampoco baja; senos túrgidos y provocadores, cintura estrecha, glúteos altos, voluminosos, soportados por muslos tersos y piernas delgadas, típicas de su raza.

Cada amanecer la emprendía con su agotadora faena de "pasar peine caliente", poniéndose un pañuelo para sujetar las hojas de salvia con las que cubría su frente y evitar un posible dolor de cabeza.

Las mujeres iban llegando a embellecerse y ella, peluquera improvisada, preparaba los utensilios encendiendo el carbón vegetal que inicialmente despedía un aromático olor a bosque y luego, cuando ya el peine y la tenaza estiraban el cabello, impregnaba el ambiente de un humo pestilente a grasa quemada.

Enormes gotas de sudor iban bañando el rostro y la entrada de los senos de Tita, y sus ojos, pequeños, con el iris azulado a causa de una incipiente catarata, casi permanecían cerrados, mientras repetía un rítmico movimiento de manos y brazos estirando pelos apenas por un peso.

Tita no solo era conocida en el barrio por su peluquería, ni porque era costurera de hacer remiendos y empates. No. En el vecindario, las lenguas viperinas entretejían historias al convertirla en el centro de habladurías mal intencionadas. ¿Envidia de mujeres insatisfechas?, ¿despecho de hombres ignorados?, ¿certeza de armas de bruja que podía hacer maleficios?

"Es medio santera", dijo alguien. "Le clava alfileres a muñecos de trapo que ella misma hace, para invocar al mismísimo diablo", comentó una vecina. "Hace brujerías para matar al pobre marido", aseguró otra. "Tan pronto cae la noche, echa al hijo y al marido a la calle, para recibir al amante", era el más reiterado de los comentarios.

Escuchaba esos chismes desde mi inadvertida posición de niña pequeña, pero en vez de sentir antipatía por la diva, mi imaginación volaba estimulada y ponía en guardia al duendecillo de mi curiosidad.

Vivíamos pasillo por medio, en casas de madera, desde cuyos interiores salían todos los ruidos, música y hasta conversaciones, siempre y cuando, de la parte de afuera, estuviera alguien queriendo escuchar. Así que no me era difícil montar guardia en mi pasillo y pegar el oído a la pared de la morada de la fatídica hembra.

Y digo hembra con toda intención: quien conociera a Tita, de inmediato notaba la sobresaturación de hormonas femeninas, sus poses de "tengo mucho para darte", su sexualidad a flor de piel, sus olores de perfumes baratos mezclados con hierbas, alquimia en la que era experta, todo lo cual me impresionaba sobremanera.

A mi escondite me llegaban fragmentos de diálogos con sus clientas, regaños rudos a su adolescente hijo, peleas con su marido, muchas veces utilizando palabras soeces, y algo de sus cantos ininteligibles, cadenciosos y en una lengua extraña, español no era, de eso sí estoy segura, y la gente decía que evocaba a los "santos" con lenguaje de africanos.

Una vez mis hermanas conversaban sobre la preparación del ajuar de bodas de la primera de ellas que se casaría: "Tienes que hablar con Tita. Ella confecciona una ropa íntima muy atrevida". Y esa era una manera de reconocerla tácitamente como experta en cosas atractivas relacionadas con el sexo.

Vigilando y vigilando, en portales oscuros como boca de lobo, pues ni una luminaria había en el barrio, de verdad que varias noches después de interminables peleas, vi salir a padre e hijo con rumbo desconocido. Tita se quedaba sola. Había música en su casa y olor a albahaca, a infusión de tila, a sahumerio.

Como era lógico, no podía permanecer afuera de noche, así que nunca supe, si venía el amante, ni quién era, ni a qué hora regresaban el esposo y el descendiente. Y mi curiosidad se acrecentaba.

Una noche en que mis hermanas mayores se preparaban para ir de fiesta y una quiso pasar a casa de Tita a que le retocara el peinado, sigilosamente me pegué a su saya y fui con ella. Mis ojitos quedaron deslumbrados cuando Tita entreabrió la puerta de su casa y apareció vestida solamente con una combinación de encaje negro y seda rosada, cargada de lentejuelas y pedrería. "Es una diosa", pensé.

"Estaba esperando a su querido", dijo enseguida mi hermana al llegar a casa.

"Qué desvergüenza", acotó mi puritana madre.

Así un día y otro, Tita daba de qué hablar en un barrio de gente "humilde, pero decente", como gustaban de acentuar las vecinas.

Pasaron meses, años, no sé, un día el marido no estaba más, había muerto al caerse en la calle, borracho a más no poder. Tita se vistió de luto como correspondía, de negro cerrado por un tiempo, luego de blanco, gris y negro combinados. El hijo crecía y un poco que la culpaba de ese trágico fin del padre, pero nada cambiaba en la rutina: llegada la complicidad de la noche: afuera el vástago y, como una sombra, llegaba el querido.

Unas decían que era un hombre de muy buena familia, que tenía esposa e hijos; otras, que era un tarambana, músico y medio poeta, que venía a verla cuando no andaba de parranda por otros lares, lo cierto es que días más, días menos, de la morada de Tita salía esa música amelcochada con que recibía a su amante con todas las luces apagadas y el olor a incienso, a hierba quemada flotando en el aire.

¿Quién se cansó primero? ¿Él?, ¿ella?, ¿la presión del hijo ya joven y fuerte?, ¿o las vecinas se dieron por vencidas y dejaron en paz a los amantes? No lo supe antes, no lo sé ahora, porque la vida corre de prisa y me tocó irme del pueblo cuando aún las cosas eran como eran y parecían inamovibles.

Cuando volvía a mi casita, siempre iba a saludar a Tita y la encontraba sola y triste, sin ese sexapil que antes la alumbraba, un poco porque se iba poniendo vieja y otro por los golpes de la vida: también su único hijo tuvo un ataque al corazón y falleció.

La última vez que la vi, lloramos juntas. Ya yo era una mujer de más de 20 años y ella una anciana con los ojos totalmente velados por una telaraña blanca que le impedía ver.

Me acerqué a su sillón y le tomé las manos. Ella suspiró hondo y atrayéndome, con lágrimas corriendo por su rostro todavía terso a pesar de los muchos años, me dijo: "¿Eres feliz?, ¿tu marido te hace sentir plena como mujer? Mira, hijita, si eso no fuera así, déjalo, no te martirices queriendo aparentar tener una familia. No vale la pena. Vive y deja vivir a los demás, pero quiérete mucho para que no te hagan daño y goza de la vida". Fue nuestra postrera conversación. Luego supe de su muerte.

Años después, una coterránea vino a verme por un asunto de trabajo. Recordamos nuestra infancia en el barrio pueblerino, amigos y lugares comunes y hablamos de nuestras familias.

¿Sabes quién era la amante de mi papá?, me espetó de pronto la visitante y sin darme tiempo a reaccionar o a entender qué quería con esa pregunta intempestiva, se respondió a sí misma: Tita.

MADURO PARA SINSONTE

-"Maduro para sinsonte", dijo con su voz chillona de mujer sorda, Chicha, mientras miraba condescendiente a Pepito, el travieso niño vecino de la casa de al lado, que armaba un jolgorio en su portal. Maduro para sinsonte, repetía y se reía Chicha, la noble, bajita, gordita, amorosa Chicha.

A este Pepito revoltoso, ella, madre de un solo hijo, -hombre ya, muy callado, solterón empedernido-, lo aupaba como a ningún otro infante de la barriada, y con cariño infinito le llamaba "mi pichón de querequeté"[2].

¿Qué edad tenía entonces esta dulce anciana, tan añeja en el barrio como las columnas de su portal o el sillón de barbero de su esposo Alfonso? Nadie sabía ni adivinaba, porque Chicha, mulata achinada, tenía el rostro terso, sin arrugas, aunque su cabello muy largo, siempre peinado en dos largas trenzas con las que envolvía la cabeza toda, era muy blanco y, siempre se ha dicho que "cuando un negro peina canas, años hay".

¡Tenía una suerte para vestir de medio luto! Siempre de blanco, gris y negro. Ninguna buena

---

[2] Ave caribeña de color pardo grisáceo que gusta de comer frutas maduras.

memoria podía evocarla vestida con ropa de otros colores, pues cuando ya se le iba cumpliendo el tiempo de guardar luto por un familiar fallecido, se le moría otro pariente de la larga lista que nadie conocía, pero siempre mencionaba.

Eso no le impedía cantar en voz alta mientras barría o limpiaba, canciones melosas y mexicanadas, que solía interpretar en un tono agudo penetrante, por lo cual era imposible ignorarla.

Chicha era leída y escribida, según palabras de sus vecinas, y gustaba de leer las novelas de Corín Tellado que aparecían en la revista Vanidades, además de escuchar (tan alto como era posible), las novelas radiales del momento, pues poseía uno de los mejores equipos de radio de la cuadra, cuyo volumen amoldaba a su sordera de piedra.

Marido machacador y resabioso, Alfonso la inculpaba por todo:

-¿Qué tanta novelería en la radio? ¿Usted no tiene nada qué hacer?

-¿Qué confianza es esa de entrar a Pepito hasta la cocina?

-¿Ir al cine con la vecina?- ¡Qué ganas de gastar dinero!

Peleaba una y otra vez el barbero.

Chicha sonreía y volvía su atención al aparato de radio, subiendo el volumen para poder "escuchar" la novela de amor del momento.

Entonces Alfonso se iba a la cama a echar su siesta y ella aprovechaba para llamar a su Pichón de querequeté y brindarle un platanito o un platico de arroz con leche, y preguntarle por su día de escuela.

Pepito vivía con su numerosa familia, justo al lado, pasillo de por medio entre ambas casas. Tenía el niño, dos hermanas un poquitín mayores, estudiosas, bien educadas, que trataban de "controlar" al hermanito juguetón.

A Chicha le gustaba llamarlos a los tres para brindarles alguno de sus postres exquisitos, y para contarles cuentos de su invención y otros recreados en anécdotas de su familia: relatos de hombres y mujeres que fueron esclavos por los campos de los alrededores de donde residían sus padres, gente que bailaba al compás de tambores y cantaban en una lengua extraña y criaban silvestres a sus hijos por los montes.

Decía "son medio brujos y medio magos. A veces sanan heridas con hojas y emplastos, y otras, hacen un mal de ojo que hasta pueden causar la muerte de su enemigo con solo poner brujería detrás de las puertas de sus casas y pronunciar palabras malignas". Y concluía persignándose, aunque nunca hizo alarde de religión alguna.

Las niñas y el Pichón se quedaban a su lado, asombrados a veces, otras temblando de pánico por las historias de aparecidos y fantasmas, y muchas, riendo a carcajadas como cuando Chicha contaba del caballo que bailaba en cuanto oía una guitarra, o de la rana tan pero tan verde, que el cuadrúpedo se comió creyendo que era parte de una hoja de plátano y que cuando quiso devolver se le atoraban las ancas del batracio en su gran boca llena de dientes.

Así, mientras el Fígaro murmuraba entre dientes su desacuerdo con la "amena reunión", entretenía Chicha a hijos ajenos y daba sentido a su cotidianidad.

Nunca tuvo carencias materiales graves. El barbero y el hijo, contador de oficio, ganaban lo suficiente para tener en casa "adelantos de la época", un buen equipo de radio, ventiladores, y hasta un refrigerador, lo que en aquel barrio de pobres era de verdad un lujo.

Su casa de mampostería y techo de tejas, tenía portal, sala-barbería, dos cuartos, cocina-comedor y baño dentro, con piezas sanitarias modernas, cuando en la mayoría de las casas cercanas, aún se usaban los excusados, que se ubicaban al fondo de los patios. Eso sí, ya la zona tenía agua potable y todas contaban con el preciado líquido mediante tuberías, de ahí que una de las distracciones de la dama era regar las plantas con una larga manguera conectada al grifo, con la cual muchas veces, rociaba a Pepito para verlo saltar y reír.

Pero en la casa del barbero, todo era gris: las paredes del frente de la vivienda, incluso, estaban pintadas de ese sin-color, y el ambiente de ahí transpiraba "viejentud", según decía Pepito, aunque a Chicha nunca la sentía vieja y mucho menos triste, que motivos tenía pues para sus hombres era simplemente invisible.

El Pichón aprovechaba otro tiempo para estar junto a su abuelita adoptiva, cuando por las noches el Fígaro sacaba su mesa de dominó y empezaba el juego con algunos vecinos de la cuadra. Entonces subrepticiamente, Pepito se colaba a su sala, y, mientras oía programas musicales, Chicha lo mecía en su sillón de junquillo y madera.

Pasado el tiempo, las niñas se fueron a estudiar fuera del pueblo seguidas por Pepito, becado en una escuela lejana. Chicha conversaba cada noche con la madre de los muchachos, mientras sus esposos se insultaban mutuamente según ganaran o perdieran las partidas de dominó.

Ellas evocaban las chiquilladas de los tres, y se reían satisfechas de que ahora estuvieran haciéndose mejores personas. Se consolaban diciendo que seguro tanto uno como las otras, estarían añorándolas y no las iban a olvidar, pero al final de cada noche, se iban a dormir con el ansia de volver a escuchar sus bullas y recibir sus cariños.

Una noche, Chicha sintió un dolor muy fuerte en el pecho, y sus ojos, falseados de un gris azulado por cataratas, apenas si sujetaban las lágrimas que corrían por su ya envejecido rostro.

-¿Qué tienes madre?, preguntó menos formal, el hijo propio.

- Nada, no te preocupes. Es que me llegó una voz a la cabeza diciendo: Ahora sí está maduro para *sinsonteeee*, casi grita Chicha, temiendo no ser oída.

-Es tu obsesión por Pepito, vieja. Le dio la espalda Alfonsito, disgustado, celoso, sin comprender la angustia de su madre.

Chicha continuó callada con las manos aferradas a su blusa, entre los pechos, veía a su Pichón de *querequeté*, nuevamente niño, sentado sobre sus muslos, mientras ella le cantaba con sus chillidos agudos "están clavadas dos cruces en el monte del olvido...".

La humedad de sus ojos se iba secando, pero su respiración se agitaba cada vez más. Afinaba su oído queriendo atrapar algún sonido que llegara del portal, donde los hombres jugaban dominó. Nada, no escuchaba voces, solo una música lejana, suave, como de ángeles.

-"Ojalá mi pichoncito no madure de golpe, no vaya a ser que como platanito a punto lo piquen las bichas", pensó. Luego cerró los ojos y exhaló un suspiro desde muy adentro, y una breve sonrisa apareció en su rostro.

¿LESBIANAS?

¿Lesbianas? Nunca antes había escuchado ese término cuando sus inocentes juegos con Vivian. Entonces, la gente comúnmente les decía a las niñas que jugaban con varones "marimachas" y a las mujeres que estaban con otras mujeres "tortilleras". Pero ellas eran una niñitas explorando la vida, claro que no tenían esa "enfermedad".

Habría que decir que Vivian era mucha Vivian. Sensual y sensitiva, en los juegos infantiles se las arreglaba para ser "la mamá", "la doctora"... y, en tales roles, tenía el derecho de abrazarlas, quitarles la ropa para darles un supuesto baño, auscultarlas y toquetearlas.

El primer beso en los labios, apretado y salivoso, se lo dio Vivian. Debajo de la cama la apretó y le traspasó su aliento en un beso inolvidable. ¿Lesbianas? No, claro que no, pero ¿por qué no? Eran, apenas, aprendizas y descubridoras de la sexualidad.

RIDIA NO SE LLEVÓ SU PIANO

Ridia poseía un piano blanco, muy cuidado, que en aquel barrio de pobres, era un lujo insospechado para la mayoría de los convivientes, de ahí que las niñas cercanas lo adoraran como si fuera un tótem.

Ellas estaban en esas edades en que no se sabe de envidia ni de bajas pasiones, así que entre todas existía una abierta admiración por las cualidades de cada una, pero en especial, por el don de Ridia, muchacha bajita, dotada de una voz de soprano que admirarían los mismos ángeles, quien, además, tocaba el piano con destreza y pasión.

El grupito de niñas-adolescentes, que transitaba por ese momento indescifrable de la vida en que no sabía escoger claramente si jugar con muñecas o leer versos de amor de José Ángel Bueza o novelitas rosa de Corín Tellado, salía cada mañana hacia la escuela secundaria, en donde estudiaban en diferentes cursos.

Por el camino siempre conversaban y, en muchas ocasiones, mientras unas se adelantaban dando saltos y carreritas, Ridia cantaba para animar el paso. ¡Qué melodía, qué sentimiento en su voz!

Algunas tardes-noches, en casa de Ridia -pequeño chalecito de mampostería, con portal, sala, dos cuartos y una amplia cocina-comedor, mucho mejor que la mayoría de las viviendas del resto de las niñas- ellas se reunían a oírla cantar y tocar su piano.

Un día notaron que Ridia se apartaba del grupo, había faltado a clases y cuando regresaba de la escuela, se quedaba encerrada en su casa, sin salir a jugar y a conversar.

-"Seguro los padres la tienen castigada por enamorarse", dijo Esperancita, argumentando que la había visto muy cercana a un chico de la escuela, con quien intercambiaba miradas y suspiros.

-"Creo que ya no le gusta andar con nosotras", comentó Lily. Mientras Jade, la mayor del grupo, haciendo gala de su recién estrenada experiencia amorosa, sentenció: -"Es que no quiere que el novio la vea jugando como niña chiquita".

Así, las cosas, una tarde que decidieron llamar a su puerta, la oyeron llorar y discutir con su madre, luego que el padre regresara de uno de sus múltiples viajes a no se sabía dónde.

-"No madre, no me hagan esto, no quiero ir, déjenme al menos terminar la secundaria", se escuchaba desde afuera la voz lastimera de Ridia, gritando, implorando.

Por supuesto, las amigas se marcharon en estampida. Pero, para alegría del grupo, pasados unos días del susto por lo que supusieron una fuerte represalia de la familia por estar enamorada, Ridia las invitó a su casa esa tarde: -Voy a tocar el piano y a cantar para ustedes.

-"Parece que le levantaron el castigo", aseguró

Esperanza, mientras muy alegres les entusiasmaba la idea de la tertulia.

Sin ponerse de acuerdo, todas se emperifollaron con las ropas domingueras. Al llegar juntas, la mamá les abrió la puerta e invitó a pasar a la sala y a sentarse. A los pocos minutos salió Ridia y las besó una a una, y a todas les regaló una hebillita para el pelo, diciendo que su padre las había traído de su último recorrido de trabajo.

Se sentó frente al bello piano...tan blanco... tan resonante...con un fuerte imán para las arrobadas criaturas. Tocó y cantó canciones líricas que les embelesaban y luego tornó a interpretar piezas de un repertorio musical más actual. Ridia cantaba coreada por las niñas, una canción de moda: "la noche del adiós, la oscuridad estará, a nuestro alrededor el sol no alumbrará, vacía nuestra casa, todo será una sombra" y ahí mismito se echó a llorar con tal fuerza y temblores que ellas se sintieron sorprendidas y empequeñecidas.

La enérgica madre les hizo un ademán con la mano conminándolas a salir, y así lo hicieron, sin acercarse a Ridia, sin siquiera preguntarle por qué lloraba ni intentar consolarla.

Paradas en la acera, sin saber a ciencia cierta qué había pasado, las amigas trataban de entender la situación: -"Seguro que sus padres le obligaron a dejar al muchacho", se aventuró a decir Lily, mientras Jade afirmaba: -"fue la canción, lo que dice la canción, lo que la puso triste, es una despedida a su primer amor", y se jactaba de haber hecho la mejor interpretación posible, como le correspondía. -"Ustedes no saben de eso, son muy niñas..."

Al día siguiente Ridia no fue a la escuela, ni al otro, ni al otro. Había mucho silencio en su casa cerrada, donde cada vez que podían, las niñas tocaban en la puerta.

Una tarde, cuando iban por rutina hasta la casa de Ridia, les llamó la atención un enorme sello blanco pegado entre la puerta y su marco, con un letrero que era un jeroglífico para ellas: *Recuperación de valores del Estado*[3], rezaba en letras negras.

Pasaron los días con sus noches y no se sabía nada de la artista-amiga, la mejor cantante que habían escuchado, la única que tenía y sabía tocar un piano.

Aburridas y medio tristonas, las niñas se sentaban una mañana dominguera en una gran piedra al borde mismo de la calle, justo cuando vieron llegar y parquearse un enorme camión de mudadas que casi se metió de lleno en el portal de la morada de Ridia.

Descendieron varios hombres, rompieron el sello de la puerta y comenzaron a entrar y salir cargando sobre sus hombros el mobiliario de la vivienda. ¡Ni hablaban de tan perplejas!

-¿Una mudada sin los dueños? Imposible, ahí había algo raro.

De pronto un sonido discordante rasgó sus oídos y las puso en guardia. Era una nota aguda como quejido lastimero, nada más y nada menos

---

[3] El sello de *Recuperación de valores del Estado*, se le ponía en los años 60 a las viviendas, cuyos moradores emigraban de Cuba hacia Estado Unidos. Ridia fue la primera niña del barrio que se fue al "norte".

que del piano blanco al ser levantando en andas por cuatro forzudos cargadores.

No lo podían creer. Esos hombres malos se llevaban el tesoro del barrio, la reliquia más querida, la música de los pobres, el piano más lindo del mundo.

Cuando el camión partía, con los ojos ensanchados por la sorpresa y mientras las lágrimas empezaban a rodar por sus mejillas, en silencio, las niñas del barrio le dijeron adiós.

No se acabó el mundo

Entonces el pueblo era muy nuestro. No había rincón que no conociéramos o que no nos reconociera a nuestro paso. El parque principal de la localidad, el parque Martí, resultaba el escenario de encuentros dominicales, de surgimiento de nuevos romances y de estrenar ropa y zapatos. Ahí paseábamos las muchachas en un sentido por dentro del óvalo de la manzana y los varones por fuera, para poder recrearnos y comernos con los ojos, hasta que una vez surgido el romance, las parejas se iban a sentar en los bancos, en la semioscuridad que permitía los besos y las caricias, o paseaban libremente en cualquier dirección.

Otra cosa era el Instituto, donde día a día, se concentraban la vida y la alegría, la efervescencia y las ansias de futuro de muchos jóvenes. En horarios de receso, mañana y tarde, o a la hora de entrada y de salida, los bancos del paseo de acceso al edificio se llenaban de estudiantes bulliciosos, preparándose para un examen, contando anécdotas, haciendo chistes o "matando el tiempo", como le gustaba decir a alguno.

En el pre había tremendo auge de baloncesto y las pepillas se apretaban en las gradas del Auditorio para ver jugar al "peludo" Ubaldito, al chino Pedrito, al loco Pérez de Corcho, al Grillo, al enigmático Muerto, el Pato y a otros atractivos jugadores.

Ellos formaban una especie de pandilla, pero no para hacer maldades como acostumbraban otros grupitos de adolescentes. Se entretenían haciendo bromas entre ellos mismos, hablando de novias, sentándose en el parque a "fraguar el porvenir". Siempre se les veía juntos, felices, sonrientes.

Sólo se separaban para andar con sus respectivas parejas. Y ahí también integraban una especie de clan protector: las muchachas que escogían, eran muy suyas y las defendían y apartaban del resto.

De entre todas las uniones, resaltaba la bella pareja que integraban Esteban y Mía. Él, trigueño, alto, buen mozo; ella, de largos cabellos lacios y rubios, delgada, de sonrisa angelical.

Muchos los admiraban a su paso y más de una suspiraba de sana envidia al contemplar el arrobamiento de los novios. Si salían a pasear, si caminaban por las calles de tiendas, si se visitaban en sus respectivas casas, todo lo que hacían, llevaba tras sí, el mirar condescendiente de algún vecino o amigo.

Contemplarlos era revivir la imagen dulce de Romeo y Julieta, pero mucho más cercana. No pasaban inadvertidos, por el contrario, siempre "eran noticia".

Corrían años difíciles y había un éxodo masivo de familias hacia los Estados Unidos. Los padres de Mía se aprestaban a emigrar. Se comentaba que viajarían al "Norte", que por aquel entonces era como decir "al país de nunca jamás". Las miradas recayeron con más ahínco sobre la pareja.

Un día cualquiera, ella llegó a mi casa, con su hermana, a que mi mamá - costurera de oficio-, les hiciera unos conjuntos de saya y chaqueta para viajar con sus padres. Entre amigos había quienes pensaban que Mía no se iría, que se quedaría con su novio amante; -esos éramos los más tercos, los empecinados en defender los sueños-; otros, objetivísimos, afirmaban rotundos que volaría con sus progenitores. El tema resultaba recurrente en casi todas las tertulias. Mientras, un debate intenso se fraguaba entre los novios.

Ella partió. Casi ninguno supimos el día exacto, pero de pronto ya no estaba más. El quedó como atrapado, más silencioso que antes, aunque seguía realizando sus actividades, sus juegos de baloncesto, sus peñas con amigos, pero casi como un autómata, hasta irse a una universidad lejana a estudiar medicina, para venir al pueblo alguna que otra vez a deambular su melancolía. Pareciese que se había caído el mundo.

En ese tiempo llegó al Instituto una muchacha habanera que venía a terminar la enseñanza preuniversitaria. También era rubia, pero menos zalamera que Mía. Tenía mucho de dulzura y de asombro permanente en sus ojos. A unas amigas de Esteban les pareció una buena posibilidad de sacarlo de su catarsis.

Una mañana, estando en el pre, ellas enviaron a Lilia, (que así se llamaba la chica recién llegada), a conseguir goma para pegar una carta al laboratorio donde se refugiaba Esteban en su visita al centro escolar. De regreso, ella comentó "ese muchacho es un engreído y no me cayó nada bien, pero al menos me ayudó a pegar el sobre de la carta".

Viéndolos después, cada vez más juntos, cementados el uno al otro, las amigas se dieron cuenta de que Lilia les mintió: han pasado más de 40 años desde entonces y ellos siguen juntos. ¿Qué tipo de pegamento usaría Esteban? ¿Le selló la carta o se pegó a su corazón? Ya no quedan dudas al respecto.

LA TITI

Por designio divino o certidumbre de tragedia, sobrevinieron unos días lluviosos, que contribuyeron al ambiente hostil, de dura preocupación en cada una de las personas. Los "yanquis" habían atacado por Playa Girón, pero antes llegaron por la radio las noticias de los bombardeos de aviones a La Habana. Horror y movilización. Todo el mundo se aprestaba a enfrentarse a lo peor: la guerra.

En la casa de Catalina, la ausencia de dos de las hijas que habían viajado a la capital, contribuía al exacerbado nerviosismo. La tristeza de la madre a cada momento era más intensa, enorme, infinita. Solo la gallina pescuezipelada de hermoso plumaje negro y blanco empollaba sus huevos, indiferente al barullo y al aguacero que repercutía sobre el tejado.

A La Habana, gente pobre como la de Catalina, viajaba rara vez por ocio. Se iba hasta allá, a la mágica capital,-donde dicen que el mar era contenido por un muro enorme, largo, largo, para que el agua no llegara a las calles y las casas-, por enfermedad o a trabajar, pero de relax ni pensarlo. Muchos llegaban a viejos sin haber tenido la suerte de conocer La Habana.

Ellas sin embargo habían sido invitadas por alguien de la familia, lo cual no viene al caso, lo cierto es que estando las muchachas ya en la urbe, dieron por la radio la noticia de ataques aéreos a aeropuertos y zonas de la capital, y en el pueblo cundió el pánico. La madre empezó a llorar y a dar gritos, a los que se sumaron el padre y demás hermanos.

A partir de ese momento, ya no hubo sosiego. Las comunicaciones estaban pésimas, la radio se oía mal, con mucho ruido, de manera que ella imponía silencio con la mirada de sus ojos claros, verdiazulados, entre rogando y exigiendo. Se pegaba al aparato queriendo exprimirlo. No había televisión y mucho menos teléfono. Y la lluvia arreciando.

-"Mira que suceder esto ahora. Las muchachitas no debieron ir a La Habana, y si la cosa empeora", se lamentaba la madre.

Mientras, en la radio sonaban entrecortados himnos combativos "adelante cubanos, que Cuba premiará vuestro heroísmo", y ella apurando -"que dieran las noticias ya", y la arenga creciente "Fidel, seguro a los yanquis dales duro" y la declaración del carácter socialista de la Revolución en el acto por las víctimas de los ataques aéreos, y -"no llega ni un cabrón telegrama" y la gallina cloqueando a más no poder pues empezaban a nacer sus polluelos.

Tensa como estaba, la Cata cogió la caja-nido con huevos, gallina y todo y la encerró en el baño. -"A hacer bulla a otro lado", dijo.

Nadie se atrevía a alzar la voz, y venían los vecinos tapados con cualquier cosa para protegerse de la lluvia, a trasmitir lo que se sabía o a interesarse por la familia: -"Cata, oí que los mercenarios están por Matanzas, que ya La Habana está en calma, así que las muchachas deben estar bien", le comentaba Alfonsito, dueño de un radio moderno, no como el de ella, que apenas dejaba oír la "radio minuto", como había bautizado desde siempre a Radio Reloj, con su tic tac dando la hora.

De pronto Esther, llegaba casi corriendo a dar precisiones "atacaron por la Ciénaga de Zapata"; "en el pueblo se están organizando los milicianos para ir a pelear", y el agua le corría por el rostro, ya surcado de arrugas.

Nada de eso apagaba la ansiedad de la madre, mientras la titi se revolvía sobre sus huevos, pasando con delicadeza el pico sobre las plumas mojadas de los pollitos que iban naciendo. Uno, dos, tres, -"ya va por cinco", anunció el padre, pero la noticia no le traía ilusión a Cata.

¡Rayos y centellas, qué manera de llover! -"Se cortan las comunicaciones, hay mucha interferencia, no logro estabilizar el dial" vino a informar otra vez Alfonsito, a modo de disculpa, y Catalina, tan dulce y modosita, se ponía echa una fiera ante tal impedimenta.

De momento, se oyeron gritos desde adentro, gritos pidiendo auxilio a la madre, que salió disparada a ver qué pasaba y en su cabeza y corazón la casi certidumbre de que algo terrible sucedía. No vio a la pequeña al lado del radio y entonces se percató que los lamentos provenían del baño.

Empujó con fuerza la puerta y encontró la niña con los ojos desorbitados y la gallina picándola una y otra vez. Los gritos de la infante, el cloc

cloc cloc del animal y el ruido de la tormenta, apenas le permitieron enterarse del asunto: la hija quiso sacar uno de los polluelos del cajón y -"la titi me fue pa´rriba como una diabla".

Ahí mismito se formó la de sanquintín. Cata la emprendió a nalgadas contra la niña, mientras su regaño llegaba alto y claro: ¿cuántas veces les dije que la gallina sacada pica? ¡Ay, mi pequeña, lo siento!, ¡ay mis hijas en La Habana y sin poder saber de ellas!, ¡ay, esta lluvia que empieza a gotear dentro de la casa!, ¡ay, que nos están atacando por Playa Girón!

LLEGADA TARDE

Como cada vez que retornaba al pueblo, ella se levantó bien temprano y fue casi corriendo a la casa de sus amigos Romelia y Gracelio. La puerta estaba semi-abierta sujeta sólo por un gancho metálico. Sin tocar la aldaba y tratando de no hacer ningún ruido, penetró en la sala y se sentó en el sillón más cercano a la salida, meciéndose una y otra vez, ahora sí con la marcada intención de llamar la atención de los moradores.

Apenas unos segundos, ya venía desde la cocina, Gracelio, un hombre cuarentón, fuerte y de muy buen plante, quien siempre se alegraba mucho al verla, aunque en ese momento no fue así. Al reconocerla, empezó a llorar y a decir entre sollozos: ¡no es posible que tú estés sentada ahí, no es posible que hoy tú estés sentada ahí! Decía y repetía la misma frase mientras la abrazaba y continuaba llorando.

...Gracelio. Gracelio, era el padre de su mejor amigo. Gustaba mucho de las buenas maneras y de las formalidades, y siempre le demostró un afecto sincero, tal vez porque, desde el primer día, ella lo trató con respeto pero con infinito cariño. Este hombre tenía una amplia sonrisa en el rostro y a ella le daba además, pruebas de su simpatía, cuando le decía "Cabrona", un apelativo nada cariñoso, pero que él, -que no utilizaba malas palabras-, dulcificaba su voz al pronunciarlo, como si le dijese cielo o cualquier otra ternura. Estaba casado con Romelia, una bajita y muy pimientosa cubana, que aparentemente no tenía ninguna afinidad con el temperamento bonachón del esposo. Sin embargo formaban una pareja fuera de lo común y se esmeraban para que sus visitantes se sintieran bien acogidos.

Llegó a ellos por sus entrañables relaciones con Gracielo, un enamoradizo joven, novio de su mejor amiga, que tenía el mejor repertorio de chistes jamás pensado, además de una manía de faldas absoluta: compilaba novias, escribía sus nombres en un cuaderno y se jactaba que ya andaba por más de tres centenas. ¡Tan mentiroso! Pero, Gracelio y Romelia, eran más que los padres de su amigo, eran por sí mismos amigos propios y habían puesto su confianza en ella, permitiéndole malacrianzas y libertades en su hogar, como que el novio, -cuando aún sus padres no lo aceptaban-, la visitase allí.

Sorprendida por el llanto de su anfitrión, le preguntó: -¿Qué pasa, Gracelio, por qué no puedo estar sentada aquí? ¿Te sientes mal?, ¿Hay algún problema conmigo? Entretanto le escrutaba el rostro con la mirada, queriendo adivinar su respuesta.

Por fin él se repuso un poco y todavía con muchas lágrimas bañándole la faz, le respondió con otra pregunta: -¿Tú sabes quién estuvo sentado ahí mismito ayer por la tarde? Y en tono levísimo, apenas audible, se respondió a sí mismo:

-Romeo.

...Romeo...Romeo...Romeo... Romeo había sido su primer novio, su gran pasión de debut de juventud, con el que compartió sueños e ilusiones de amor recién estrenado. Romeo le quitaba la respiración y hasta el sueño. Por él vivía como bailando en una cuerda floja. Era su luz, su agua, su verso, su alimento, su carcelero, su inspiración y su esperanza...

Todo había comenzado un día en que al salir de la escuela secundaria con su amiga Marianela, decidieron visitar una cartomántica de la que se murmuraba tenía grandes aciertos. Con mucha aprensión y nerviosismo, se encaminaron hacia donde vivía la mujer. Al entrar en la casa de la dama por poco mueren del susto por la mala impresión que les dio: vieja, fea, encorvada y también un poco sucia, de manera que no sabían si echarse a correr o decidirse a entrar. La curiosidad fue más fuerte. Entraron, una primero y la otra después, atropellándose por ser la primera. No recuerda qué le dijo la anciana a su amiga, pero a ella le refirió que conocería un joven, mecánico de oficio, trigueño, bien parecido, al cual le uniría una pasión abrasadora. Salieron de allí casi corriendo, trémulas de emoción y confiadas en el artificioso arte de la lectora de cartas. Iban caminando sin ver, hablándose a la vez, sin darse tiempo para la reflexión o para escucharse.

Así andaban, cuando se tropezaron con Romeo, un apuesto jovencito de 14 años (ella tenía 13), que ya la traía sin aliento desde varios meses atrás.

Venía "el Gallego" (como le decían sus amigos), con la ropa llena de grasa. Sin mirarse ni ponerse de acuerdo, Marianela y ella preguntaron al unísono: -¿tú eres mecánico?

-¡Qué mecánico, ni mecánico!, espetó el joven. -Venía con mi papá en su auto y como se le rompió me puse a ayudarlo y miren cómo he quedado de embarrado, explicó. Pero su respuesta no la desanimó ni nada por el estilo. Desde ese momento, Romeo pasó a ser su "mecánico del alma".

Un buen día, justo en el cumpleaños 15 de él, se hicieron novios. Caminaban por una de las calles de acceso a su casa, tras la salida de la escuela. ¿Caminaban? Es incierto, flotaban. No había nada comparable en el mundo: era un estado de gracia como sólo deben sentir los ángeles o un feto en su saco embrionario. El pueblo, que por ese barrio, era feo y viejo, les parecía el lugar más lindo del universo, un espacio de ensueño con sombra en los portales, rectilíneas calles sin asfalto y un fuerte olor a madera recién aserrada... Bajo un nogal, parados uno frente al otro, preguntó Romeo si quería ser su novia. Ella esperaba esa petición cada hora de su existencia. Dijo que sí, que sí, que sí, que quería ser su novia, que quería gritar a todos que eran novios, que le saltaba el corazón de tanto querer serlo. Ah,¡ qué tarde tan linda! Ah, ¡qué bueno sentir la calidez de las manos entrelazadas! Nunca, nunca fue tan hermoso el barrio como aquella tarde.

Iniciaron una relación hermosa, de principiantes y no sólo por la edad, sino por el placer de la experimentación al mismo tiempo. Desde la primicia de tocarse los dedos; el ensayo de besos efímeros con apenas un roce de labios; y luego los escondidos encuentros para que la familia de ella nada supiera, aunque el más torpe vecino pudiera leer la felicidad en su rostro.

Hacían una bonita pareja, él trigueño, delgado pero fuerte, con los pies bien puestos en la tierra; ella, delgadita y rubia, soñadora, creyendo que todo el mundo era bueno y que la vida siempre sería como en ese momento: los dos juntos, los dos amados y amantes; los dos adolescentes jugando a amor de grandes.

Romeo absorbía cada acto de su vida. A veces una discusión, por pequeña que fuera, la hacía temer el hundimiento del mundo. Hubo alguna que otra pelea breve, celos por intromisión de alguna efímera muchachita, pero nada que pudiera considerarse un sinsabor serio.

Una mañana de domingo, con el pretexto de ir a misa, salió a encontrarse con el Gallego a la calle principal del pueblo. Caminaban tomados de la mano, sin ningún acercamiento impuro, solo sintiendo el placer de estar juntos, cuando de repente se les apareció delante el padre de ella, hombre muy fuerte de cuerpo y de carácter al que no le gustaba ser contradicho en nada - cuando murió, muchos años después, se había tornado un anciano tierno, moldeable, sensible hasta las lágrimas por cualquier emoción, en el que sólo confirmaban su fortaleza, la innata rebeldía de su voz y sus puños firmes-. Reiteradamente, le había dicho a su hija: -"lo tuyo es estudiar, nada de novio, ni de perder el tiempo en otra cosa". Así que al verlo frente a frente, palideció e intentó hablarle. No le dio tiempo. Con un ademán brusco de su brazo le indicó: -Ve inmediatamente para la casa. A Romeo ni le miró. Ella temblaba cuando se separó de su novio y cabizbaja se dirigió despacio hacia el hogar. Cuando llegó le contó lo sucedido a la mamá -dulce y sumisa ama de casa, trabajadora y fiel cumplidora de lo que el marido decidía-, quien sólo podía exclamar: -"te lo advertí, con tu padre no se juega". Arribó el papi al poco tiempo y en tono amenazante la interpeló: -¿así es como estudias? Y a continuación espetó: "desde hoy, no vas más a la escuela".

Esa aciaga noche, desde su lecho, escuchaba discutir a sus padres. Él insistiendo en su decisión y la madre, por primera vez, dispuesta a no ceder. -"Ella si irá a la escuela, o ¿la quieres bruta como yo? Al fin, el veredicto: -Pues entonces, la acompañarás de ida y de regreso a la escuela, y no se hable más. Él que era tan enemigo y celoso de las salidas de la esposa, hacía todo, todo, con el ánimo de evitar el acercamiento entre los novios. Medida inútil que terminó casi al haber empezado. La madre se convirtió en cómplice de los jóvenes aprovechando que el padre trabajaba fuera y sólo volvía el fin de semana.

Con el tiempo, y luego que muchos intercedieran por el noviazgo, el progenitor accedió a que Romeo la visitara en la casa. La primera vez, desde temprano en la noche, el progenitor se escurrió a jugar dominó con los vecinos hasta muy tarde. De todas formas, la situación estaba zanjada: ya el novio tenía "entrada": visitarla dos o tres noches a la semana, además de poder andar juntos por la calle sin esconderse.

Un Día de Reyes, los amantes intercambiaron regalos: él le dio una preciosa muñeca y ella, una pequeña ambulancia con foco rojo giratorio encima y una fuerte sirena. Tuvo ella que hacer maromas para conseguir el dinero para el juguete, pues su familia carecía de recursos para holguras, mientras que Romeo procedía de una casta pudiente, cuya casa estaba considerada entre las más confortables y bien provistas de la localidad. No era así la pequeña casa azul de madera donde vivía la joven y los novios se sentaban cada noche a escuchar la radio y a decirse mil ternuras, con la vigilante madre al frente, en un espacio de apenas tres metros de ancho por tres de largo.

En muchas ocasiones Romeo le echaba en cara que ella no tuviera ese surco que se hace entre los senos cuando estos crecen y se robustecen. Ella era escuálida, tenía apenas unas *teticas* de niña y sufría por eso. Quería florecer, ser bella y exuberante para él, pero la realidad distaba mucho de su sueño. Nunca se mostró desnuda ante él y ahora piensa que le habría gustado que le viera y le recorriera con su aliento cálido y su olor a hombre.

La humildad de su familia la hacía reflexionar y comprometer su futuro: ella añoraba estudiar, ser "alguien" para ayudar a sus padres y hermanos mayores a salir de la pobreza. Pero los planes no eran los mismos que los de Romeo.

Él dejó de estudiar para empezar pronto a trabajar y hablaba de una boda temprana para que ella se convirtiera en su amantísima esposa-ama de casa. Comenzaron las divergencias. Aunque se amaban apasionadamente, se volteaban la espalda por cualquier tontería.

Romeo se hacía el duro y le decía:-"cuando nos casemos te voy a encerrar en una habitación donde no te faltará nada y podrás estar siempre linda para mí". Ella empezaba a tener miedo de esa vida que él le pintaba. Peligraba su futuro, pues reconocía la enorme influencia que tanto amor le imponía a su cerebro y a su corazón.

Un mal día, apenas por un motivo pueril o más bien por un sin motivo, se dejaron. Ella se refugió afanosamente en los estudios para conseguir su meta: ir a la universidad.

Pasó el tiempo y la vida fue tomando otro curso. Estando en la universidad, en la capital del país, él fue a verla una vez y compartieron un gran rato, No se pusieron de acuerdo: ella no regresaría al pueblo a ser su doméstica.

Unos años después, ella aceptó un nuevo novio. Con este amor, planeó una fiesta de matrimonio y estuvo ilusionada en seleccionar su vestido y otros detalles de la ceremonia.

El día de su boda, después de mucho, mucho tiempo sin verlo, Romeo se apareció en la notaría. La madre, conocedora de la pasión latente, temblaba imaginando que ella pudiera echarse atrás al verlo. Pero la joven permaneció firme.

Luego, no supo nada de él. Ella concluyó sus estudios y se instaló definitivamente a trabajar y a vivir en la urbe capitalina. Su esposo fue un marido ejemplar y cariñoso que la adulaba y quería ciertamente.

Aun así nunca pudo evitar que un temblor frío la recorriera, un sudar de las manos y un "salto" en el estómago cuando veía a su exnovio o tenía noticias suyas mediante amigos comunes.

El tiempo transcurría y las heridas se cerraban y casi nunca se encontraron frente a frente en ningún lugar, a pesar de saber que también él estaba viviendo en la ciudad. Solo en una ocasión estuvo a verla, justo cuando se enteró que ya ella tenía una hija. Llegó a su trabajo, la saludó muy serio y dijo: -"no te perdono que esa hija no sea nuestra". Y se marchó. Luego supo que él se había casado también, que se veía feliz y había vuelto al pueblo....Los recuerdos se fueron quedando en el pasado.

A veces, frente al espejo, ya con cuerpo de mujer y no de adolescente como cuando era su novia, se palpaba los senos y pensaba cómo hubiese sido disfrutar sus fuertes manos sobre estos y se recriminaba no haber disfrutado de una relación íntima y placentera con el hombre de sus sueños. ¿Cómo se sentiría un orgasmo provocado por sus caricias? Siempre, siempre se quedó con una idea obsesiva: ¿cómo hubiera sido tenerlo?...

-Pero Gracelio, ¿por qué lloras así? ¿Qué importancia puede tener que Romeo estuviera sentado aquí ayer y yo hoy?

Sin dejar de llorar y con voz lastimera, el amigo respondió:

-Es que llegaste tarde, "cabrona". Romeo se fue hoy con su familia para los Estados Unidos.

(Corría 1980, cuando de Cuba emigraron a Estados Unidos miles de personas por el Puerto del Mariel, tras la crisis de los sucesos de la Embajada del Perú en La Habana. Por entonces, irse a la vecina nación del norte, era un viaje al "país de nunca jamás")

EL TREN DE SU VIDA

A ella cada noche la despierta el bullicio del tren: el chu-chu-á sobre los rieles y su agudo y estrepitoso silbato. Dice que justo a las dos de la madrugada, rompe el silencio el pitar aullante, y luego se demora tanto en la estación, que ella va imaginando la gente que lo aborda o desciende, el trasiego de paquetes y hasta los vendedores ambulantes sin descanso siquiera a esa hora.

Vigila en su lecho hasta sentir la partida del tren. Primero despacito y luego acelerando hasta que su pitar se pierde en la noche. Entonces, se queda dormida y en la mañana se siente agotada, como si hubiera corrido todo el tiempo tras la mole de hierro. Así cuenta un día tras otro, y su hija la escucha prendada de su memoria fotográfica, de su aferrarse a una narración detallada y detallosa, como siempre acostumbra. No importa que lo que relata haya ocurrido 80, 70, 50 años atrás... o sólo cinco minutos antes: ella narra los dimes y diretes, los diálogos exactos entre una o varias personas, con increíble fidelidad.

Rememora el primer encuentro con el que luego fuera su esposo. Ella, sentada en un taburete en el portal del bohío donde vivía su numerosa familia, escoltada por las bulliciosas hermanas y el respetable padre.

"Llegó en su caballo, con la guitarra aupada como si fuera un niño. Se bajó de la bestia y saludó a todos con una abierta sonrisa. Me miró y supe que era él a quien esperaba. Habló con papaíto y de vez en vez, me miraba de soslayo. No nos dijimos ni una sola palabra.

"Días después, se acercó furtivamente y hablamos, me preguntó si quería ser su novia y le contesté que sí. Eso fue todo.

"Un mes más tarde, previo acuerdo, me recogió en su caballo y nos marchamos juntos. No nos habíamos dado siquiera un beso en la boca".

Cambia de tema y cuenta del día en que un amigo entrañable la encerró en un baño con una rana, ambas bien asustadas y amigas al final del episodio, y luego sin transición, de la mudada familiar a la casita azul, donde nació su sexta hija.

"Justo a dos cuadras de allí, estaba la línea del ferrocarril. El tren era un espectáculo para todos. Cuando pasaba el de La Habana o retornaba el de Oriente la estación reverdecía, llena de gente cargada de equipajes, de pregoneros voceando sus matahambres y de lágrimas y alegrías, de despedidas y reencuentros".

"Recuerdo el día triste en que el tren cañero le cortó la pierna a mi sobrino Santiaguito, un muchacho hermoso, retozón, que estaba jugando con sus amigos a sacar de los vagones cargados, algunas cañas para comer. El tren estaba parado desde varias horas atrás y ellos se confiaban y pasaban por el enlace entre vagón y vagón, uno primero, otro después. Justo cuando Santi hacía alarde de un gran salto, el tren echó a andar y el niño cayó debajo de sus ruedas pesadas. Él perdió una pierna, pero desde entonces todos perdimos la ilusión por el ferrocarril".

Vuelve entonces al ruido de la madrugada que la mantiene en vela. "Yo creo que anoche ese tren estuvo parado más tiempo del habitual. Oía el ir y venir de los viajeros y el pitazo de arrancada demoró como una hora o más. Estoy exhausta. Voy a dormir un rato". Así dice y vuelve su cuerpo de 90 años de cara a la pared.

Y su hija la mira y la admira. Ella vive desde hace muchos años en el centro de la capital habanera. La línea de ferrocarril y la estación de trenes están a muchos kilómetros de su casa y aun así, cada mañana narra al detalle los avatares del arribo y salida del tren de su memoria. No la desmiente. Piensa que ese parloteo, incentiva sus neuronas y da alas a su imaginación para volar.

No lo sabe a ciencia cierta, pero cree que de lo que realmente habla a diario es del tren de su vida, de llegadas y partidas (más de estas últimas) y de cómo, tras el bullicio, la estación se queda sola y vacía.

MARÍA DIJO NO

Por primera vez ella dijo NO. Su rostro mantuvo la sonrisa permanente de los tiempos de asentir a todo. Su voz sonó gutural, con una negación nacida de sus entrañas, pero sin alterar ninguno de los rasgos de su bello rostro. María había decidido tomar la sartén por el mango.

No hizo bulla, ni alertó a sus convivientes con largas explicaciones. Simplemente decidió y empezó a poner en práctica una nueva manera de vivir: nadie le indicaría qué menú confeccionar cada día, ni si era la jornada adecuada para lavar, planchar o limpiar...Si era ella quien lo realizaba todo, pues de ahora en adelante lo haría a su manera y antojo, en el momento y hora que creyera conveniente.

María aún estaba joven y era extraordinariamente hermosa, alta, con ojos grandes almendrados, un pelo copioso y castaño y una voz de mesosoprano, que modulaba para hablar bajito y hacerse entender muy bien.

Muchos años atrás había trabajado como recepcionista en un elegante club marítimo de gente rica. Allí siempre la admiraban los ricachones y algunos buenos profesionales asociados a la entidad, asiduos visitantes del lugar para tomar un baño de playa o disfrutar de la instalación, sus bares y restaurantes.

Ahí mismito un joven apuesto, de buena familia, enfermero de profesión con título universitario y todo, la conoció y quedó prendado de ella. Cada día iba a verla, a decirle cuánto la admiraba hasta llegar a amarla y María también correspondió a su enamorado con una pasión arrolladora.

-Sí, amor mío, accedo a casarme contigo. Y él: Nadie nos separará nunca, solo la muerte, porque te amo más que a mi vida. Así se juraron amor eterno y se comprometieron en una ceremonia ante el altar.

Entre ellos solo reinaba la pasión, el cariño, el respeto…pero, claro, (siempre hay un pero o una bruja maligna o una manzana envenenada). La cruz de María fue ir a convivir con la familia burguesa de su esposo: tres hermanas y un hermano, que no las tenían todas consigo porque ella provenía de una familia campesina muy humilde. –"con tantas muchachas ricas bonitas que hay en La Habana y venir a cargar con esta pobretona", decía alguna de las hermanas.

Fue entonces que, mientras el esposo iba cada día al hospital a cumplir su jornada de trabajo, María se veía obligada a una convivencia insana, a admitir miradas por encima del hombro y narices respingadas y comentarios con palabras disfrazadas de "buena educación".

Acostumbrada al trabajo real, nada la amedrentaba: lavaba, cosía, planchaba, cocinaba, limpiaba, solo que tenía que hacer las cosas cuando las "señoritas" se lo permitían, y cumpliendo tal cual le indicaban.

La mayor de las tres hermanas, ya rebasando los 40 contrajo nupcias con un viudo con plata, que la elevó al rango de "señora", complacía sus gustos y demostraba a ojos vista su enamoramiento otoñal. Justo esta era la más sociable y risueña, la más cercana a María en su calvario. Lo de las otras dos era un regodeo en la infelicidad: la menor, linda de verdad, con un pelo ondeado y ojos de gitana, pudo ser feliz, realizarse como mujer, pero el miedo la paralizó. Tuvo un novio que la amaba y estaban comprometidos para casarse cuando a él lo promovieron por su trabajo a laborar en un vecino país. Ella no quiso ni oír hablar de esa posibilidad: ¿separarse de su familia? ¡Jamás! Así que calabaza calabaza, cada uno pa'su casa, y aquí me quedo rumiando mi pena y guardando amor eterno al viajero. La otra hermana, mayor que ella, sin gracia femenil alguna, "solterona" en el sentido literal de la palabra, asumió su dolor y se afianzó en el celibato: juntas y sin hombres, así seguirían la vida. Claro está, mientras más pasaba el tiempo, ambas transpiraban soledad, amargura, desamor, aunque "niñas de buena cuna" nunca se descompusieran en público, ni alzaran las voces, ni dieran su brazo a torcer; "¿para qué hacen falta los maridos?, bah".

La luminosidad de María sí que les molestaba, que siempre estuviera presta y pareciera una flor recién regada, su risa abierta, sin ponerse la mano en la boca, enseñando una dentadura perfecta, su apego a la familia humilde de la que descendía, recibiendo a sus hermanos y parientes, ofreciendo a todos su espíritu bonachón y desenfadado. Su pasión por el esposo, los abrazos, los besos…

Luego vinieron los dos hijos, varón y hembra, y el esposo cada día estaba más enamorado de su mujer, y esta cada día más apachurrada por las hermanas, que continuaban su solapada manera de mostrar inconformidad e ira por el desperdicio de sus propias vidas y la envidia por la felicidad creciente de la cuñada.

María tragaba en seco muchas veces, con frecuencia huía a su cuarto a dar griticos y hasta patadas en el suelo, para volver a las tareas serena, apacible, como si estuviera volando por encima del bien y del mal.

Todas envejecían, ya no eran tan soberbias las cuñaditas, que precisaban de su ayuda para acordonar un zapato, sacar un asado del horno o visitar un médico.

Y ella con su gran amor y experiencia, las aceptaba, pero internamente sabía que había llegado su momento: "amor, nunca más obedeceré ciegamente a tus hermanas, nunca más me estarán dando órdenes, de ahora en adelante las cosas se hacen como yo disponga", le dijo al esposo amante como si le comentara el estado del tiempo. Él levantó una de sus copiosas cejas y sonrió: esa es su María, la descendiente de españoles con toda su gracia, ¡olé! flamenca mía. Así será de ahora en adelante.

Entonces María asumió la jefatura que ya era suya por derecho propio. Rara vez denotaba disgusto o tristeza, y mira que sufría callada las cotidianidades lógicas de su gran familia dejada en el campo. Enfermedades, muertes, carencias materiales y financieras, todo carenaba en ella y como buena samaritana le daba el frente.

Llegaron los nietos y con ellos el frescor de nuevas vidas. María refulgía como inyectada con tónicos rejuvenecedores. Volcó sus fuerzas y enorme fuente de cariño en esos retoños que llegaron para alegrar sus días. Les acariciaba la cabeza, les aconsejaba mientras iban creciendo, se tomaba para sí los asuntos particulares de las parejas formadas por sus hijos. Era incansable.

Dueña y señora, veía y analizaba la información que le llegaba por la televisión, escuchaba música, leía el periódico diariamente, así que podía y hablaba de cualquier tema con variedad de interlocutores. Su cabello se iba tornando blanco, como si la nieve se asentara en su hermosa cabeza, pero sus ojos, de mirada inquisidora, a veces pícara, mantenían una luz inacabable.

María cuidó y acompañó hasta sus últimos alientos al cuñado y a las cuñadas y dio todo su amor y pasión al esposo amantísimo, que también la precedió en la partida final haciendo honor a su compromiso: "hasta que la muerte nos separe".

Vio emigrar a su hijo mayor, nietos y nuera, y nunca se repuso de ese dolor de ausencia, de esa nostalgia infinita que le privaba de estar con los suyos. Quedose conviviendo con una nieta y dos bisnietos, pero su alma estaba herida y sus alas cortadas. Ella que nació y fue fuerte para "cumplir" el rol de mujer que le asignó la sociedad de ese momento, se sentía nula para hacerse cargo de sí misma. Le faltaba el aire, el desenfreno de hacer mucho cada día, le sobraban paz y tranquilidad.

Cuando enfermó supo que sería el final. Nada de dramatismo ni de preparativos aparatosos para partir. Y así se fue.

En el reino de Cristy

El nerviosismo de esa primera vez todavía le hace sudar las manos y le provoca ansiedad en el estómago. Lo cierto es que trasponer las pesadas puertas del estadio universitario en el primer año de la carrera, fue un verdadero acto de valor, aunque nadie supiera de sus miedos. Todos los que iniciaban el deporte en la vida universitaria no sentían lo mismo, pero a ella le gustaba tanto el ejercicio físico que casi, casi, lo sufría.

Ya había pasado el día memorable de subir la escalinata de la Universidad de La Habana por primera vez. Emperifollada con las galas mejores que trajo desde su pueblo, subió jadeante y no porque fuera muy empinada la escalera, sino porque no se lo creía: ella, hija de pobres, llegaba al centro de más altos estudios del país; ella, la delgaducha muchacha, la pueblerina, iba a estudiar para periodista. ¡Qué cosa increíble! Casi como un cuento de hadas.

La docencia no le daba miedo ni la atribulaba, conocía su coeficiente de inteligencia, -medio como el de muchos- y sabía que si estudiaba iba a vencer la carrera. No temió ni a académicos de reputada preparación ni a la competencia de jóvenes que como ella venían a tratar de comerse el mundo. Tenía una meta y la iba a cumplir, de eso no le quedaban dudas.

Ahora, el deporte era su hobby, su fuerte, su anhelo, su pasión. Lo mismo podía correr, que saltar alto o largo, jugar voleibol o baloncesto, o hacer carreras con obstáculos y hasta tirar la jabalina, que para eso el profe Millares se había quedado casi calvo al ardiente sol del campo deportivo de la secundaria Frank País, para enseñarles, al menos, las técnicas más elementales de cada deporte o evento atlético. Claro también traía un haber de campeona provincial de juegos escolares en gimnástica primero y en gimnasia rítmica después, y una buena ubicación en las competencias nacionales de este último deporte. La EIDE de Camagüey resultó una excelente pasantía y, modestia aparte, se sentía muy atlética. Es posible que sus 103 libras de peso en una estatura de 1.62 m, le dieran esa confianza, aunque en realidad era una flaca auténtica, sin mucha armazón de músculos sobre sus huesos.

Así las cosas entró junto con su grupo de docencia en el estadio Juan Abrahantes. Enseguida les orientaron que debían bajar al terreno a realizar las pruebas de eficiencia física. Los dividieron de la mejor manera posible y mientras unos iban a correr 100 metros, su equipo (en el que no conocía a nadie) se dirigía a realizar salto alto: dos parales y una varilla que iba constantemente al suelo, les recibieron junto con la sonrisa diáfana de una joven profesora, mulata achinada, que enseguida explicó lo vital de saltar lo más alto posible, lo cual les daría puntos para el cómputo final de todos los eventos.

Cuando le tocó el turno, hizo su carrerita hasta

la varilla y saltó cómodamente en perfectas tijeras, elevando, claro está, la pierna de afuera para no tumbarla. La profe le clavó su mirada y sin emitir palabra subió la varilla unos centímetros más. También corrió e hizo una tijera con pies punteados y la varilla firme en su sitio. Por tercera vez, en silencio, la profesora subió otros cinco centímetros la altura de la prueba, y ella se deslizó y alzó como gata y sus tijeras con piernas rectas vencieron la dificultad.

La profesora se viró y parada frente a ella, indagó: ¿dónde aprendiste a saltar así? Y ella, titubeando, "bueno, en la EIDE, en la gimnasia..." medio tartamuda. Y la maestra: "ya, no tienes que hacer ninguna otra prueba, sube para el gimnasio y espérame allí". Ella no tenía ni idea: acababa de conocer a la gran Cristy del Pino.

"Plié, plié, granplié, granplié, rodillas hacia afuera, glúteos recogidos, abdomen hacia dentro, hombros abajo, soltura en los brazos... empezamos desde primera posición...Así escuchaba a la entrenadora, mientras admiraba el porte y la multiplicidad de vestuario de las muchachas que realizaban su clase de gimnasia rítmica.

Fue entonces que una imagen similar le sobrevino de su memoria. Muchos años atrás, en ocasión de los IV Juegos Escolares Nacionales había entrado a un tabloncillo, que ahora sabe el Valdés Daussá de la propia Universidad, donde entrenaba el equipo de la capital, y se había quedado estupefacta, tal cual sus compañeras agramontinas-, al ver que el calentamiento incluía una clase en la barra de ballet, con todos sus requisitos y pasos. Su memoria fotográfica no la engañaba era la misma profesora.

Esperó a ser llamada a la mesa donde la docente inscribía a las nuevas y se presentó. Nombre, apellidos, procedencia. "¿Has competido en este deporte?, ¿qué instrumentos sabes utilizar?, ¿aros, pelotas, cuerdas, mazas, cintas? "¿Has usado todos? Ah, qué bien, dijo la sorprendida profe.

Enseguida le buscó un lugar en la barra y le pidió prestar atención a las que estaban a su derecha, integrantes del equipo de calidad de la universidad, jóvenes bellas que le parecieron bailarinas de ballet, por la destreza con que hacían los demipliés, los círculos con los brazos, la rectitud de piernas terminadas en pies muy punteados y las cabezas erguidas, como si bailaran al compás de una música imaginaria, que era solo el ritmo que la profesora llevaba con sus palmadas.

Al terminar la clase general, Cristy despedía al grueso del grupo y se quedaba solo con unas seis muchachas. Hizo la presentación de la nueva y dijo que desde ese momento era una más de ellas, mientras decía los nombres de las que le rodeaban: Mirtha, Ana Vivian, Cary, Martha, María Ana, Teresita, Mayra, Ofelita, entre otras.

La guajirita estaba perpleja ¿ya estaba allí, así no más, por decreto de la profesora? Eso creía cuando de pronto esta la espetó: "ahora demuéstranos qué sabes hacer". ¿Con qué instrumento prefieres comenzar? Nerviosa y sudorosa pidió un aro y mentalmente empezó a tatarear una música. Realizó una selección de mediana complejidad y apreció la satisfacción en la cara de la entrenadora y las miradas admirativas en el resto del grupo. Supo entonces que se quedaría. Estaba muy feliz.

Poco a poco, con el pasar de los días, fue aprendiendo las rutinas del entrenamiento: horarios, tiempo de calentamiento, clase en la barra, ejercitación con instrumentos... y, lo mejor de lo mejor, las prácticas en el tabloncillo con Aurora al piano.

Ahí sí que había espacio para realizar las selecciones que ya venía montando Cristy para cada una de ellas. En ocasiones, hasta las baloncestistas que habían ocupado antes el terreno, se quedaban para verlas "actuar" y las aplaudían al terminar embulladas por su profesor Carbonell.

En una ocasión, entró feliz al gimnasio y encontró a Cristy sentada en el suelo con las gimnastas en semicírculo a su alrededor. La profe hizo un movimiento con la mano conminándola a sentarse también. "La clase hoy es teórica. Vamos a debatir sobre cómo debe actuar y comportarse una joven universitaria de estos tiempos". Perplejidad en los rostros, entrecejos fruncidos, signos de interrogación revoloteando en el aire.

No hay regaños, explicó, solo que se me ocurrió que como mujeres todas, debemos conocernos, saber qué nos preocupa, qué nos ocupa, si son solo los estudios o también influyen los amores, y es que en ocasiones siento una especie de relajamiento o de cansancio en ustedes cuando no se emplean a fondo en la clase.

"Antes yo entrenaba a niñas de hasta 12-13

años. Con ellas era más sencillo imponer disciplina, orientarlas y hasta exigirles, pero resulta que las universitarias son niñas que ya han crecido. Aquí tengo hasta muchachas casadas y madres, que ya hacen bastante esfuerzo con cursar una carrera universitaria. No seré yo quien les exija más de la cuenta, pero tenemos que comunicarnos, entendernos, hablarnos".

Y empezó a contar que ella estaba felizmente casada y tenía dos hijos, una hembra y un varón, adolescente y niño en esos momentos. Que cada hora que dedicaba al día a enseñar la gimnasia rítmica y luego a entrenar con las más adelantadas, muchas veces lo restaba de la atención a su hogar, pero que nunca le pesó eso, y así se lo había hecho entender a su esposo.

Habló de su cuerpo delgado pero con muslos y glúteos prominentes, no tan característicos de lo que debía ser una gimnasta, y aseguró que entonces, cuando ella competía, lo que hacía era entrenar más fuerte para, con otras habilidades y dominio de los instrumentos, opacar su figura de mujer negra y bien dotada.

Por ello, dijo, "no busco cuerpos perfectos ni muchachas perfeccionistas, anoréxicas o plásticas. Quiero atletas que sientan la música y sean capaces de interpretarla mediante los instrumentos, que si la música es viva, sean pasionales y hagan latir los corazones de su público, y que si el acompañamiento es suave y melódico floten, vuelen y se lleven tras sí el sentir de quienes presencien el espectáculo, porque eso es una selección de gimnasia rítmica, un espectáculo para alegrar el corazón y la vida".

Cuando Cristy terminó de hablar, se hizo un silencio cómplice. Todas entendieron sus consejos, y ya no pusieron reparos a aprender a caminar con un libro a la cabeza para mantener la columna recta, los glúteos y el abdomen recogidos, los hombros bajos, el mentón erguido y la sonrisa en el rostro. Realmente sus alumnas empezaron a disfrutar aún más sus clases.

Por eso se mostraban reacias a que otra viniera a suplirla cuando alguna vez la profe se ausentaba por complicaciones de trabajo y venía una académica conocedora del deporte, que entraba al gimnasio en tacones, con vestido y collar de lujo, se paraba frente a la barra y hacía los movimientos con las manos para luego aducir no poder hacer ninguna demostración por no estar en ropa deportiva. Uf, las alumnas se disgustaban mucho.

Cristy se fue metiendo en el espíritu de sus alumnas, de esa manera pudo seleccionar un tema musical para cada quien y los diferentes instrumentos; un vals u otra pieza romántica para las más lánguidas, una pieza fuerte y pasional, para las ágiles, música española para las más picarescas y música muy cubana para quienes trasmitieran mejor el ritmo con sus cuerpos.

La adoraban sus niñas, que ya no eran niñas, y se entretejía una red de complicidad y cariño, un verdadero espíritu de equipo, por eso, cuando había que seleccionar a quienes representarían a la Universidad en una competencia, Cristy no quería dejar ninguna fuera, y hacía controles una y otra vez y las sometía a exhibiciones para ser justa, que esa era una de sus principales cualidades.

Una vez, viajaron todas en un periplo que abarcaría las universidades de Matanzas y de Villa Clara. En la primera, cuando se instalaban en la residencia estudiantil, alguien llamó la atención sobre lo cercana que estaba la escuela de los *Camilitos* (un centro de formación militar) muy cuidada y con hermosos jardines. Luego, justamente en el campus de la otra provincia, admirando el lugar, Cristy se para frente a un gran ventanal y exclama: ¡miren desde aquí se ven también los *Camilitos* de Matanzas! ¡Qué manera de reírse! ¡Solo estaban a unos 200 kilómetros de ese centro!

Cada campeonato de la Universidad, (Juegos Deportivos que se llaman Caribe), las muchachas de Cristy eran las abanderadas de las delegaciones de las diferentes facultades, hacían tablas gimnásticas, embellecían las inauguraciones con sus talentos. Y ni hablar de las competencias, había un verdadero revoloteo para entre todas, adornar leotares de dudosa calidad y convertirlos en modelos exclusivos de un equipo que parecía profesional.

La disciplina lo era todo, a ninguna se le ocurrió, -excepto a Fabiola en una ocasión-, salirse del terreno porque se le escabullera un instrumento de la mano, de eso ni hablar. Cristy les había entrenado también psicológicamente para presentar una cara feliz aunque apareciese alguna dificultad en la ejecución.

Siempre les recalcaba "¿quién se sabe tu selección? Tú, yo, la pianista, entonces si pones cara de disgusto ante una pequeña imperfección, las juezas se darán cuenta enseguida de que algo anda mal, pero tu sonrisa triunfadora puede confundirlas".

"Soy la mejor, soy la mejor", era una frase que repetía a sus alumnas a manera de terapia cuando les tocaba competir. "Repite esa frase y oye la música, que lo demás sale solo". Muchas lo hacían y les daba resultado.

El equipo se iba renovando cada año con la salida de las egresadas universitarias y la entrada de otras nuevas, pero las de siempre, aun ya siendo trabajadoras, volvían una y otra vez, por el placer del deporte pero más que todo, por el disfrute de una clase con Cristy.

Un día de su cumpleaños, después que Cristy enviudó de repente, se quedó muy triste y decidió no tomar otra pareja de por vida, algunas de sus alumnas predilectas –varias con 10 años de haber concluido sus estudios universitarios- se aparecieron en su clase, formadas entre las alumnas del momento. Fue un hermoso regalo para rendir honores a su magisterio.

Pasaron casi 40 años y una tarde, cuando se presentaba a la comisión nacional y a las actuales atletas de la preselección nacional de gimnasia rítmica, un libro escrito por Cristy sobre la fundación de ese deporte, las exintegrantes del primer equipo de la Universidad de La Habana, la acompañaron a esa ceremonia.

Cristy, ya peinando una cabellera de canas, pero hermosa y espigada como siempre, las mandó a poner de pie y fue presentándolas una a una…fulanita, médica; menganita, profesora de derecho; zutanita, economista; la otra, periodista; aquella, bioquímica…. Y luego se viró de espaldas a ellas para continuar su diálogo con el auditorio joven. De momento se volteó y al verlas sentadas, interrogó en forma enérgica ¿quién las mandó a sentar? Y todas automáticamente se pararon firmes como militares.

Ya eran abuelas la mayoría de ellas, y aun así, respetaron la voz de mando de su profesora. Es que Cristy es mucha Cristy y en su reino, el amor la desborda.

Ruptura gallega

Ahora que vive mejor, más cómoda, desaho-
gada y tiene su propia familia, con dos hijos que
adora, ella se ha vuelto más huraña, hipersensi-
ble y hasta parece sufrir de algo parecido al "de-
lirio de persecución".

Está paranoica, y de tan linda, jovial, desenfa-
dada y atrevida, se ha ido convirtiendo en una
mujer medio desajustada, siempre cobrándole
cuentas a las gentes por lo que vivió o dejó de
vivir, por sus fracasos y despechos, por el corte
despiadado del cordón umbilical que la ataba a
su existencia anterior.

Su acento es más castizo que el de cualquier
gallega nativa, porque no quiere que reconozcan
su origen y que por ello sus hijos pequeños pue-
dan ser menospreciados. De manera que habla,
piensa y se comporta como una auténtica hija de
Galicia, y quien la conoció antes en Cuba, no
puede identificarla con su española máscara.

Cerró el capítulo cubano y no se da licencia ni
para intercambiar el más mínimo saludo con
personas que pertenecieron a su pasado: atrás
quedaron hermanos, sobrinos, amigas y amigos,
porque cuando murió su padre se fracturó para
siempre el nexo que la ataba medianamente a la
isla caribeña.

"¿Su historia? Sí, no es una novela rosa precisamente y condiciona su manera actual de ser,

desconfiada y rencorosa, pero debía tener un límite", evoca Dulce.

...Apenas tenía 14 años cuando la echaron de su casa por una sospecha de embarazo. Afuera era como la misma jungla, y la joven, en su adolescencia florecida, se sintió desvalida. Su novio, de igual edad, la recogió y llevó a su hogar, donde fue acogida como hija, y así pudo concluir sus estudios y conseguir su primer empleo.

El romance de los dos jovenzuelos fue idilio tenaz de descubrimientos pasionales y juramentos de amor eterno. Luego, un día, él se marchó y ella quedó varada, triste, ausente. Ya no encajaba en ese ambiente familiar y se fue a vivir sola, en un cuarto pequeñito donde rumiaba sus penas.

"No digo que pasó hambre, pero el alimento no abundaba, y casi siempre estaba sin dinero y sin afectos cercanos, con excepción de algunas amistades, entre las que me cuento", cavila Dulce.

Cuando más gris estaba su presente, aparecieron nuevas "amigas" que vivían a costa de una profesión tan anciana como la vida misma: vendían al mejor postor su juventud y su cuerpo.

Un día, toda bien vestida y hermosa, le dijo a Dulce: -"Tengo un novio español, es empresario y está muy enamorado de mí".

Empezó a vestir y calzar prendas de marca, usaba perfumes caros y siempre tenía euros en la cartera. Ayudaba a sus padres y hermanos con esas dádivas y sonreía en espera de trámites de sus documentos para emigrar con el "amado".

–"Nos casaremos y me llevará con él", y ya soñaba con europea geografía y hacía planes para su futuro promisorio. Cuando, de pronto, andaba nuevamente taciturna. –"¿Qué pasa? ¿Dónde está el príncipe azul encantado?", indagó Dulce.

–"Se fue y no va a volver. Me confesó que es casado y que ya se estaba complicando mucho conmigo".

Sobrevinieron muchos días de lágrimas y desencanto, y no porque hubiese estado muy enamorada, sino por las ilusiones perdidas. Así las cosas una de las amigas de turno le prometió: -"Te voy a conseguir otro novio español para casarte" y, efectivamente, al poco tiempo le llamó para presentarle al gallego que quería ser su novio. Todo parecía un sueño.

Ella estaba flamante hasta conocer al enamorado: 70 años, calvicie pronunciada, abdomen prominente y sonrisa de sátiro, pero le confesó a Dulce, –"fue muy galante conmigo, incluso en la habitación que compartimos".

El anciano novio y dos jóvenes que presentó como sus hijos, la aprobaron de inmediato, se mostraron amables y le hicieron promesas de una vida dulce y sin miseria cuando estuviera junto a ellos en España. Aun así, del hotel donde se realizó la cita, regresó con un rictus permanente en las comisuras de los labios y una arruga de preocupación surcando su frente.

Corría el año 1995 y el país se asfixiaba por múltiples carencias materiales. Pero ella tenía divisas y pronto emigraría. ¡Se sacó la lotería!, decían algunos. Dulce no compartía esa euforia.

Ella viajó hacia su nueva vida. Iba de rojo vestida, toda iluminada y nerviosa. Se despidió de la madre, de hermanos y de contados amigos.

-"Escribiré, no se preocupen. Voy a ser feliz", sentenció a su partida.

Pasaron meses de silencio total, hasta que una mañana, el cartero llamó a la puerta de la casa de Dulce y le entregó una carta. Era de la ausente, ¡qué alegría! Con manos temblorosas, rasgó el sobre y se enfrascó en la lectura de una larguísima misiva, cargada de anécdotas.

Adorada Dulce. Ahora estoy bien. Así que cuando recibas esta carta no te asustes. Quiero que la leas y la rompas y no le comentes a nadie su contenido. Te escribo porque ¡necesito desahogarme!". Era como un grito de la amiga lejana.

Llegué a Madrid un hermoso mediodía veraniego. En Barajas cambié a un vuelo doméstico y en una hora y tanto estaba en un aeropuerto cercano a Ourense, donde me esperaba mi novio, solícito y perfumado. Me pidió los documentos y se encargó del equipaje.

En un moderno auto de su propiedad nos trasladamos a una comarca cercana, transitando por una carretera entre montañas, por la que a veces aparecían cientos de grandes molinos eólicos), que me recordaban los gigantes con los que se fajó Don Quijote. De veras que esta tierra es preciosa y yo sentía que mi corazón se ensanchaba y miraba a mi pareja y ya no lo encontraba tan viejo y arrugado. Me sentía feliz.

En llegando a su casa, me mostró la vivienda y

me dijo que pasara a la alcoba, me bañara y luego comeríamos, y me dejó sola en el cuarto que compartiríamos a partir de entonces. Me halagó su no desespero por el sexo y tomé como una cortesía la bata de baño que dejó sobre la cama.

-¿Tus hijos?

—No están ni vendrán hoy, fue su escueta respuesta que me dejó sorprendida.

Al rato retornó a la habitación e hicimos el amor a su manera, con mucha maña para compensar su poca erección, y entonces sí sentí su olor a viejo, a sudor agrio bajo el perfume, a persona insana... Mientras fingía un orgasmo ostentoso, me preguntaba ¿qué hago aquí?, ¿quién es este hombre?, ¿cómo llegué tan lejos? Y en cuanto me dejó sola lloré largo rato hasta quedarme dormida.

Ni ese día ni los siguientes vinieron sus hijos ni me dio mi maleta ni documentos, y siempre alegaba: —"joder, ya tendremos tiempo para paseos y modas", y me pedía envolverme en batas de felpa, de seda, de franela, que dejaba sobre la cama a manera de regalos. Pasaba muchas horas en soledad pues cada día él salía desde el amanecer, y aunque nunca faltó el alimento en la mesa, tampoco tuve acceso a quien cocinaba, pues la puerta hacia la cocina permanecía cerrada con llave.

A mi reclamo por tal encierro, aflojaba el rostro, y mimoso me prodigaba caricias y sonrisas, diciendo "hija mía de mi corazón, es que tengo miedo que tanta belleza sea contemplada por otros ojos. Vale, te estoy preparando una gran sorpresa y viajarás y verás mucho mundo". Así prometía.

Al quinto día, casi anocheciendo, ya alarmada por sentirme presa en el sentido literal de la palabra, oí voces en la cocina y acerqué el oído a la puerta que la dividía del comedor. Era la "cocinera" cuchicheando con otra mujer: —"Es el colmo, me trae a esta cubana hija de la gran puta, la instala en nuestro cuarto y me obliga a servirla sin dejarme ver, hasta que aparezca el tipo del negocio que se la llevará".

Caí en estado de desesperación, grité, pateé la puerta, y al no lograr respuesta, me fui al cuarto en busca de un escape y caí desmayada. Cuando desperté y lo sentí llegar, fingí dormir.

A la mañana siguiente, en cuanto se marchó, decidí jugarme todas las cartas con la mujer que supuse era su pareja: la llamé a gritos, aduciendo sentirme enferma y cuando acudió, (una mujer de más de 60 años, algo huraña y con miedo en sus ojos, que con el dedo índice sobre sus labios me conminaba a callar), le pedí por sus hijos que me dejara marchar.

-¿Hijos?, yo nunca he tenido hijos, aseguró.

Y yo insistiendo: -"Por Dios, por todas las vírgenes y santos, por lo que más usted quiera, ayúdeme a irme ahora mismo".

-"No puedo, si lo hago, él me mata", fue su ácida respuesta.

Traté de contarle de mí, que nunca supe de su existencia, que no quería dañarla ni ofenderla, pero ella comenzó a empujarme hacia el cuarto y trataba de poner su mano sobre mi boca para que callara. Al fin, le di un golpe con una silla y la tiré al piso y salí corriendo hacia la cocina y de ahí escapé por la puerta del fondo.

Corrí calles y calles sin mirar hacia atrás, sin ver la gente que pasaba por mi lado, corrí innumerables cuadras y de pronto vi una casa con la puerta abierta y entré como una tromba. Una señora canosa gritó ante mi presencia y yo me puse de rodillas abriendo mi bata para que viera que no tenía armas ni ningún objeto para agredirla y clamando que me escuchara antes de llamar a alguien o a la policía.

Por mi acento y fisonomía sabía que era extranjera, pero dijo sentirse aliviada de que no fuera árabe ni rusa. Me señaló una silla y mantuvo en alto un búcaro de cristal que había tomado para defenderse en caso necesario.

Le di detalles de mi viaje y motivos, de mi escapada al conocer accidentalmente que había caído en una trampa de comercio de mujeres, y le pedí que me dejara, al menos, hacer una llamada por teléfono y no me entregara a la policía pues carecía de documentos.

Siempre desconfiada, pero con mucha solidaridad en su mirada, me permitió llamar y lo hice a mi anterior novio, el de Madrid, quien al escucharme se mostró muy alarmado y me recordó que no tenía ningún compromiso conmigo. Le pedí calma, que por favor, me escuchara y al final, me prometió ayuda y habló con la dueña de la vivienda que yo había tomado por asalto, quien le respondió que me acogería hasta el día siguiente: -"solo 24 horas y le pasaré sus gastos, ¿eh?".

Cuando al día siguiente mi exnovio llegó, me abalancé llorando hacia él, conmocionado a ojos vista, pero frío y manteniendo distancia: -"Te traje ropa y zapatos para que estés presentable al llevarte a la policía".

Me horroricé enseguida, pero de manera tajante cortó mis emociones y protestas: "No tengo mucho tiempo y aquí las cosas se hacen como yo digo, ¿vale? Iremos primero a la casa de este tránsfuga a recoger tus pertenencias y documentos. Quédate en el auto y no hables con nadie", fueron sus precisas instrucciones.

Temblando esperé agazapada en el coche, cuando retornó colérico y bravucón, con mi pasaporte y maleta. Quise besarlo y abrazarlo, pero me distanció con energía.

-"Tienes dos caminos: te regresas de inmediato a Cuba o te llevo a la policía y te acoges como refugiada, pero sin involucrarme".

Decidí quedarme. Había vendido y regalado en la Isla hasta la última de mis pertenencias, no tenía casa ni muebles, ¿mi familia no me recibiría de vuelta?, ¿a dónde regresar?, ¿a qué?

Me dio algo de dinero y me dejó justo frente a una comisaría. Se marchó enseguida sin siquiera voltear la cabeza ni querer saber qué iba a ser de mí.

En la policía no conté mi historia real, ¿para qué? Me vería envuelta en juicios y asuntos legales, dije simplemente que había llegado invitada por amigos que luego me dieron la espalda y quería quedarme en el país. Deambulé de una a otra oficinas llenando planillas, respondiendo las mismas y muchas preguntas, y al final me pusieron en una fila de inmigrantes que serían llevados a un motel de refugiados.

Había gente de todo tipo y nacionalidades, árabes, africanos, europeas de los antiguos países socialistas, algún que otro latino con cara y porte de narcotraficantes, y esta cubana esmirriada y temblorosa con más deseos de llorar que de continuar su aventura.

Para hacerte corto el cuento, en la noche hui del motel por miedo a los otros extranjeros y llegué a un hotelito modesto, pero muy limpio, pagué y, por primera vez desde que salí de La Habana, dormí de un tirón hasta la mañana, en que salí, me subí al primer ómnibus que pasó por mi lado, y me fui a otro pueblo, donde recorrí calles y más calles hasta entrar en un local con un cartel solicitando ayudante de cocina. Resultó una especie de casa de huéspedes, bien alejada del centro de la ciudad. Los dueños estuvieron de acuerdo en que trabajara por casa y comida, así que empecé de inmediato a pelar patatas y especies, a fregar suelos y losa, y a traer canastos del mercado más cercano, sin tener la obligación de contar mis penas.

Justo en ese barrio conocí a un hombre muy callado, atento y caballeroso. Estaba atravesando malos momentos también, y la dueña del negocio, -muy en su papel de celestina-, trataba de meterlo por mis ojos y viceversa.

Pasados unos días, me sinceré con él y le conté lo ocurrido. Prometió ayudarme, y en un mes más, me sacó de la pensión y me llevó a su apartamento. Me cuidó de tal manera que terminamos casándonos en la primera oportunidad, también como garantía para obtener mis papeles de residencia.

Así que ahora estoy bien, él dice amarme y yo

lo respeto y le estoy agradecida. Siento que lo voy a amar. Estoy segura y respaldada. Ya luego te cuento más… Por favor, no olvides deshacerte de esta carta.

Así le contó su amiga y Dulce estalló en sollozos de tristeza.

Varios años después Dulce supo por carta del nacimiento de los dos hijos, y por teléfono, la sintió ya ostentosamente hablando con acento gallego, muy pegada a los vale, ve a que te den por culo y otros comodines que los españoles usan con soltura y desenfado. Su narración era clásica: tono, dicción, gracejo español, todo perfecto.

Prometió escribirle a Dulce nuevamente, y lo hizo durante algunos meses. Luego fue un prolongado silencio. Otra vez, llegó la nada. Nunca más un mensaje, ni una foto, ni la más mínima señal de vida. Dulce envejece y añora saber de su amiga, pero solo una frase le viene reiteradamente a su mente: "a esta cubana se la tragó Galicia".

¿Dónde está Norma?

¿Dónde está Norma?, indagó la visitante entrando directo a la cocina y llegando hasta el patio donde habitualmente encontraba a la dueña de la casa pelando papas, dándole comida a los periquitos o simplemente regando sus hermosas plantas.

Buscaba su melena canosa y su sonrisa de bienvenida y solo encontró un silencio de miedo por parte de su esposo, hijo y nuera. –"Ella no está", respondió al fin Manolito e hizo un leve movimiento de su mano como apartando una sombra. -"¿Viajó por fin a ver su familia a Estados Unidos? Ay, qué bueno, ella tenía tantas muchas ganas de ir", acotó la entrometida, pero aún seguía buscando su huella por el amplio portal rodeado de matas verdecidas, flores y algunos árboles frutales. –"No debe haberse ido hace mucho porque las plantas mantienen el cuidado de sus manos", insistió.

Manolito se volcó de lleno en colar un café cuyo aroma empezaba a impregnar el ambiente, mientras el viejo José Manuel se entretenía en bajar su sucio sombrero de guano casi hasta los ojos y la nuera se metió presurosa al dormitorio. Por fin, el joven venía con la humeante taza de café en sus manos, se la entregó y con un gesto de cabeza, la conminó a sentarse en uno de los taburetes del portal.

-"Cierto es, mami no está, viajó, solo que no a Estados Unidos ni a ninguna otra parte. Ella murió hace casi un año", explicó de manera casi inaudible.

Una bomba atómica no hubiera causado el mismo efecto. La visitante y su esposo, amigos de muchos años que siempre que anduvieran por la zona, llegaban a saludarlos y estrecharlos en señal de eterna gratitud, se quedaron inicialmente pasmados, aunque los sollozos de la mujer se hicieron notar enseguida.

Ni ella ni él atinaban a preguntar, ¿cómo?, ¿por qué?, ¿cuándo? ¿de qué manera? ¿estaba enferma? No daban crédito a la terrible noticia.

Entonces habló José Manuel, el guajiro José Manuel, ahora el viudo de Norma: "¿Recuerdan que Norma nunca quería salir de casa?, ¿que cuando ustedes la invitaban a la capital ponía mil pretextos para no viajar? Pues, una mañana hace ya muchos meses, parquearon el auto ahí, donde mismito está el de ustedes, otros amigos que iban de Cienfuegos a La Habana.

"Como ustedes, ellos también acostumbraban a pasar y parar, charlar un poco con nosotros, con Norma sobre todo, porque a veces ya Manolito y yo estábamos para el campo y mi nuera se había ido temprano a su trabajo. Iban en viaje de placer en un auto moderno y pensaban volver ese mismo día, así que no sé cómo, la convencieron para que viajara.

"Dicen que Norma se emperifolló con sus mejores vestidos y se puso sus zapatos nuevos que le había mandado la familia de "afuera", repasó una y otra vez que el fogón no quedara encendido, ni las puertas sin las trancas por detrás, y hasta le echó de comer a las gallinas, y atinó a escribir en un papelito "Voy y vuelvo en el día a un paseo hasta la capital, que nadie se preocupe".

Un sonido desgarrador se escapó de sus labios, pero José Manuel se repuso y continuó narrando:

"A media mañana me acerqué a la casa a buscar agua, porque estábamos secos de tanto sudar, y desde lejos la vi cerrada y me extrañó, mas enseguida vi sobre la mesa del portal el papelito y adiviné la letra de Norma y, aunque perplejo por esa decisión súbita, me dije ¡Qué bueno, al fin salió de casa!.

"Ni debía haber pensado esa frase. A los pocos minutos, entraron a nuestro camino un auto de la policía y otro con el rótulo de criminalística. ¿Vive aquí Norma.....? Sí, sí, soy su esposo.

"Hace falta que nos acompañe. Hubo un accidente de tránsito a cinco kilómetros de aquí y su esposa está mal herida", así dijo un teniente que descendió del carro patrulla, pero ni siquiera levantó la vista del piso.

"El corazón me dio un vuelco. Pero, ¿ella está bien?, ¿dónde la tienen? ¿la llevaron al hospital? Y el policía sin responder solo agitándome con las manos para que subiera al carro.

"Esperen, debo avisarle a mi hijo. Y fue increíble, pero ya venía Manolito mandado a correr en su caballo.

"Viejo, dicen que mami estaba en un auto que tuvo un accidente allá adelante", casi gritó sin desmontarse de la bestia, pero se quedó tieso al ver los policías.

"¿Es verdad?, ¿qué le pasó a mi madre?", gritaba Manolito.

"Vengan los dos, solo atinó a murmurar el teniente.

"Y así fue. Nos montamos en el carro patrullero y cuando íbamos llegando al lugar de los hechos, había como cien carros allí y gente de muchas partes que la policía echaba para atrás a cada momento.

"En la autopista, tapado con una sábana, un cadáver. Buscamos ansiosos a Norma por todos lados, vimos algo magullada a la pareja de amigos que la llevaban y supimos entonces que el cuerpo sin vida, era el de mi Norma.

"No les puedo decir nada más. Ella que nunca salía de casa, apenas viajó unos kilómetros para encontrar su muerte. Fue muy dramático y aun hoy se nos antoja una burla macabra".

Eso contó el viejo José Manuel, el guajiro simpático y dicharachero que fue capaz de sacarle los dos primeros dientecitos de leche a la hija de cinco años de esta pareja, a cambio de una linda, grande, rosada guayaba, de una de sus matas, hacía ya más de 20 años.

En aquella ocasión, ellos iban en viaje de placer hacia la zona central del país con las tres niñas a bordo, cuando el auto empezó a dar señales de un problema "gordo" y el cielo amenazaba con romperse.

La tormenta de agua y viento no se dejó esperar, y el carro a no caminar y a la niña mayor le subía la fiebre por una maleza de garganta y todo conspiraba para el nerviosismo acentuado de la familia dentro del vehículo.

Parados debajo de un puente, a la espera de un escampón, se acercó un campesino y dijo: "si me adelantan les muestro la casa de un mecánico que vive cerca". Dicho y hecho, ayudó a empujar y los guió hasta una entrada que bajaba de la autopista hasta una casa rodeada de árboles.

Enseguida se bajó el dueño, tapado como pudo con un paraguas que era nada ante tal chaparrón y las niñas y la madre se quedaron dentro, acurrucadas, y con miedo, porque ya empezaba a oscurecer.

Oían de lejos al padre dar explicaciones, cuando de momento les tocaron a las puertas para ayudarlas a descender bajo unas amplias mantas que dos hombres sujetaban. "Saquen las carteras y algo de ropa, para que se cambien acá".

Fue entonces que salió Norma de la cocina, con su delantal blanco y su sonrisa acogedora: ¿cuál es la niña que tiene fiebre? A ver, a ver, te estoy haciendo un té de hojas de limón y romerillo y con dos Duralginas verás que te pones bien enseguida, le dijo a la muchachita y le sonreía con ojos y labios. "Ven, que te voy a secar esa ropa y cuando se te baje la fiebre te tomarás una buena sopa de pollo que acabo de hacer".

Percatada de la presencia de las otras dos niñas, aún más pequeñas, las atrajo hacía sí y las saludó: soy Norma, la dueña de la casa, y quiero que se sientan cómodas y todas se coman la comida que estoy terminando. La madre y el padre estaban confundidos y apenados ante tan calurosa acogida. "Disculpen, no queríamos molestar".

Manolito, el hijo joven de la pareja que formaban Norma y José Manuel, un guajiro con sombrero aun dentro de la casa, les comentó. "Soy mecánico, pero ya hoy es difícil que podamos revisar el auto con esta lluvia, así que lo mejor será que ustedes se preparen a pasar la noche aquí, que la niña se ponga buena y a primera hora arreglaremos el carro.

No fue una consulta, fue una invitación impositiva que dejó azorados a los visitantes. ¡Si nunca antes los habían visto!, ¡si cayeron de golpe y casi a la hora de la comida!. Sin dudas, ¡ese es el verdadero campesino cubano!, ratificaron en sus mentes y corazones.

Una comida caliente y bien hecha, calmó la frialdad de estómagos nerviosos y hambrientos por el pésimo recorrido de casi nueve horas para encontrarse a mitad de camino. Las niñas estaban felices, cálidas en una casa con gusto a queso, a panal, a guayaba...y, a la hora de dormir, Norma los hizo pasar para el mejor dormitorio de la vivienda, donde dos camas ya estaban listas, con sábanas blanquísimas con olor a sol, y mosquiteros protectores contra cualquier insecto.

Esa madrugada Norma se levantó tres veces para saber si la enfermita tenía fiebre o si la familia necesitaba algo, y a las seis y pico de la mañana ya les llegaba a las narices el aroma del café y de leche recién hervida que ella preparaba. El padre se levantó presuroso y enseguida estaba mecaniqueando con Manolito. Fue una tarea dura, porque todo estaba mojado, bien mojado, y hacer andar el auto fue obra de magos.

A las once de la mañana estuvo listo el vehículo, las tres niñas bien, alegres, comiendo guayabas, luego que José Manuel le canjeara una hermosa fruta a la más pequeña a cambio de dejarle tocar los dientecitos flojos, que de solo palpar, los tuvo en su mano y mostraba como trofeo.

Abrazos, agradecimientos, promesas de volver al regreso y siempre que pasaran por esa ruta, fue la despedida en una mañana soleada, que Norma completó al regalarle a las muchachitas un ramo multicolor de distintas flores de su jardín.

Norma, José Manuel y Manolito se pararon al borde del camino a decirles adiós a sus visitantes, mientras que el auto subía a la autopista con una carga de amor multiplicada dentro.

¡ESTOS SENOS PEQUEÑOS!

Luly es una otorrinolaringóloga infantil, que no descansa ni un minuto. Cuando no anda en el hospital pasando visita a las salas donde están sus tiernos pacientes, se mete en el salón de operaciones echando afuera amígdalas infectadas y/o adenoides, o da zancadas hasta su consulta-oficina, que cada día se llena de niñas y niños con vocecitas truncadas por las afecciones de garganta, nariz u oído, y de madres y padres nerviosos ante el temor que les ocasiona la fiebre, la medicación con antibióticos y la incertidumbre de una cura rápida.

Luly es una mujer muy bella, de ojos grandes medio verdosos, labios pulposos, delgada, con piernas bien torneadas y un hermoso pelo (chino le dicen aquí) copioso y negro, lacio, que le cae sobre los hombros, pero la mayor parte del tiempo, ni se acuerda de su belleza femenil, absorta como está atendiendo y salvando crías, pues hay que ver la angustia de esta médica cuando ve a una personita minúscula que casi se asfixia por una obstrucción nasal.

Tampoco en su hogar Luly reposa. Además de la doble carga de las mujeres con responsabilidades (lo de la igualdad es un mito), el cuidado de su anciana madre y de tres hijos; el "invento" diario en la cocina, la limpieza, el fregado, la ayuda a los pequeños para hacer sus deberes escolares, siempre algún que otro vecino la requiere: "mi niña tiene fiebre, Luly", "¿qué le puedo dar a mi bebé a quien le duele la garganta?". Así una y otra vez, como si ella fuera de hierro y no una persona con necesidad de descanso y distracción.

Un día, al regresar del hospital en ómnibus, sintió una punzada hiriente en el costado derecho, casi debajo de la axila. Pensó que se había colgado con ese brazo para sujetarse cuando el bus echó a andar y no le dio importancia alguna. Una semana después, mientras escribía una receta médica, la sorprendió un cosquilleo, como un deslizamiento eléctrico de la punta de su seno hasta la base, y se frotó con la otra mano sin apenas darse cuenta.

Así una vez era un hormigueo, otra una punzadita, -de la que culpaba al ajustador que "me aprieta un poco"-, y alguna noche, cuando finalmente lograba echarse en su cama, se daba cuenta que no podía virarse boca abajo porque le dolía el seno.

Pero tenía una larga lista de infantes para ser atendidos e intervenidos quirúrgicamente; sus descendientes estaban en exámenes escolares, y su madre requería una consulta de ortopedia porque le dolían las rodillas.

Se buscó sujetadores más flexibles y se sintió cómoda. "Estas pequeñas tetas mías", se recriminaba, pues siempre añoró tener mamas apetecibles para los gustos masculinos, de esas que sobresalen por el escote y se muestran en revistas de modas de muchachas anoréxicas pero con tremendas pelotas delanteras.

Cuando la molestia le impedía prácticamente mantener el brazo apretado contra su cuerpo, pues la axila se inflamaba y el dolor recrudecía, Luly decidió irse a consultar un colega especializado en mamas y, por supuesto, no dijo nada en su casa, ni a su madre (pobre anciana), ni a su marido, y mucho menos a sus hijos.

El doctor la recibió afectuoso y hasta bromeó con ella recordando que cuando eran estudiantes, él estaba locamente enamorado de Luly. "Pero eso pasó, puedes estar tranquila", explicaba mientras palpaba las menudas protuberancias erectas de su colega. A ella le impresionó cómo iba arrugando su entrecejo mientras hacía el reconocimiento.

"No hay que alarmarse, pero debemos hacer unas pruebas iniciales: rayos X, mamografía, ultrasonido, de todo, doctora, vamos a realizarte un chequeo completo". Así dijo mientras le pasaba afectuoso, las manos por el pelo.

Empeñada en guardar su secreto hasta que estuvieran los resultados de las pruebas, Luly hacía maromas para completar sus análisis y cumplir su rutina diaria: visitar pacientes, dar consulta, hacer intervenciones quirúrgicas y, claro está, ocuparse de las tareas hogareñas.

Pasados 10 días, su colega oncólogo la llamó por teléfono. "Luly, debes venir sin falta mañana temprano a mi consulta". A ella le llamó la atención el tono firme de esa cita, no era una invitación precisamente, él la conminaba a visitarlo. Nerviosa y sudorosa estuvo allá, incluso antes que el galeno llegara. Nada más verla, él la hizo pasar a su consultorio. "Luly, amiga querida, ¿por qué no viniste antes? Las pruebas dieron positiva a un tipo de cáncer. Pero aún estamos a tiempo, solo que vamos a intervenir quirúrgicamente ya". Le comunicó, mientras con su mirada y gestos trataba de dulcificar la dura noticia que acababa de darle.

Luly hizo cuanto pudo para ocultar su pánico. No lloró ni dio gritos, pero una sudoración copiosa la inundó: ¿Por qué a mí?", decía para sus adentros. Se dejó abrazar por el colega y se sintió protegida. No diría nada aun en su casa,- fraguaba en su mente-, o a lo mejor anunciaría que se iba a hacer unas pinzas para subir un poco sus teticas, como algo cosmético, sin importancia. Ni acompañante necesitaría. Así se iba convenciendo a sí misma de la intrascendencia del asunto.

Mas no podía aguantar el morbo, la curiosidad, el ansía por saber...Buscó afanosa bibliografía al respecto: "el cáncer de mama ocupa la primera causa de incidencia y la segunda en mortalidad en el sexo femenino en Cuba, con una tendencia al incremento. El riesgo aumenta con la edad y el mayor número de casos nuevos se concentra en el grupo comprendido entre 40 y 60 años (justo al que Luly pertenece), y lo peor de todo: el mayor porcentaje se diagnostica en estadíos avanzados".

¿Cuándo fue la última vez que se hizo un reconocimiento? ¿Se lo realizó alguna vez? Entonces cayó en cuenta que como médica, desoyó lo que se repite una y otra vez para la prevención de este mal mayor. Mensajes publicitarios por la radio, la televisión y la prensa escrita, alertas en los barrios ..."Todo lo oí como quien oye llover", se recriminaba. "Ahora ya no importa, tengo un cangrejito minando mi interior", se condolía de sí misma Luly.

Trabajó aun con más intensidad para dejar todo organizado: reemplazo en el hospital por otra otorrino; las cosas en orden en casa "porque voy a hacerme un pequeño piquete para tener más lindas mis mamas y luego por unos días no podré lavar, ni fregar, ni hacer mucho esfuerzo, pero será breve, no se preocupen", explicaba a su familia de manera superficial. "No, no hace falta que alguno me acompañe, mis colegas estarán ahí y en cuanto se me pase la anestesia vuelvo".

Ese día su esposo la llevó al hospital donde le harían la "acción estética", casi al amanecer. Le dio un beso y le dijo, "en cuanto salgas del salón quirúrgico que alguien me llame por teléfono". Se besaron como cada día y ambos movieron sus manos en señal de despedida.

A las siete, Luly estaba preparada para entrar al salón de operaciones: vestida con una bata verde sin ropa interior debajo. Ya se sentía hambrienta pues además de no comer nada sólido el día antes, mantenía el ayuno indicado. La enfermera y el camillero que vinieron a trasladarla, no permitieron que fuera caminando como era su intención. "Ahora, doctora, usted es la paciente".

Un sedante en vena, un apretón afectuoso a sus frías manos por el cirujano y el calor de la anestesia general le fue invadiendo el cuerpo. Al rato había consternación en el personal médico: ¡Luly

tenía tomadas ambas mamas por lesiones can-
cerígenas multiplicadas rápidamente! Había
que tomar una decisión inconsulta con la paciente, pero no habría otra manera de resolver
el problema. Así que el médico tuvo que realizar
una mastectomía bilateral.

Dos horas después de salir del quirófano, Luly
despierta adolorida y se sorprende de ver a su
lado al esposo. Quería preguntarle ¿qué haces
aquí? , pero se sentía sin fuerzas. Un poco ale-
jado estaba su amigo cirujano mirándola fija-
mente. "Luly, le dijo, vas a estar bien. La opera-
ción fue exitosa". Entonces ella trató de tocarse
el pecho y su cónyuge se lo impidió tomándole la
mano.

Volvió a quedarse semidormida y un tiempo
más tarde, volvió su amigo médico a conversar
con ella. "Vas a estar bien, le repite, pero per-
diste mucho tiempo". Tuvimos que hacerte una
cirugía radical en ambos senos para estar segu-
ros que el cáncer no se hubiese expandido más.
Cuando ya cicatrices y te hagamos el trata-
miento con quimioterapia, te haré los implantes
y tus mamas se verán estéticamente hermosas.

Las lágrimas ruedan por los ojazos de la doctora Luly, devenida una personita disminuida
ante tal noticia. Supo que todos en casa estaban
impuestos del suceso, que vendría su madre y
sus hijos a cuidarla, que ellos se han puesto de
acuerdo para repartir las tareas hogareñas y
que del hospital infantil, sus colegas le aseguran
que todos los pequeños tendrán atención garan-
tizada.

Ella está consciente ahora, sabe que muchos
cánceres se pueden prevenir, otros detectar en

las primeras fases de su desarrollo para ser tratados y curados, y que incluso, en etapas avanzadas de la enfermedad, se puede enlentecer su progresión, controlar y reducir el dolor y ayudar a pacientes y familiares a sobrellevar el asunto con mayor calidad de vida.

A partir de ese momento, pasaron meses de intensa lucha, la quimio, la caída del cabello, la quemazón de las radiaciones…pero todo ha ido quedando atrás. Ya Luly tiene senos nuevos, pequeños como los de antes, pues decidió que así era ella y no necesitaba otros; su familia asume las labores de la casa, la doctora ha vuelto con más energía a su consulta de otorrino y atención especializada a niños y niñas.

Luly sabe que "la parca" le dio una oportunidad. Ahora es una promotora de salud en el combate contra el cáncer, explica, alienta, aconseja y obliga a quienes llegan junto a ella a participar de las pesquisas y del chequeo sistemático ante cualquier duda o síntoma confuso. Agradece a la vida y reconoce que su historia podría haber terminado de distinta manera.

Hoy anda con un vestido muy escotado. Hay un calor de espanto en este verano que reina siempre en Cuba. Su cabello ha crecido y en su rostro se palpa la confianza en el presente y en los planes para el futuro. ¡Estos senos pequeños!, dice, mientras contempla desde arriba estos nuevos que ahora luce, y aun así, a sabiendas de que no son los suyos, siente la calidez de su existencia.

Amor, ¿amor?:

Es la primera vez en casi 50 años que olvido el día de tu cumpleaños. Y no creas, me siento culpable, aunque hace más de treinta no tengo manera de hacerte llegar mi felicitación. Que tengas mucha salud y una larga vida, es un deseo sincero.

Claro, meses atrás, en mi último viaje al pueblo había roto con tu recuerdo, o creí hacerlo. ¡Pelearse con un muerto! Pensé entonces, porque en eso te convertiste para mí, después de nuestra separación y de tu partida.

No es difícil entender el olvido entonces, pero duele. Nunca, nunca te he dejado de pensar, incluso cuando he visto tus fotos, ahora blanco en canas, con una barriga prominente y abrazado a tu esposa. No lo creo. No eres tú, no eres mi novio, ese joven trigueño, velludo, delgado y de risa fácil, que me hacía suspirar y me hace.

Pero no éste de ahora que alguien muestra en Facebook y no reconozco. No, estoy enamorada de tí antes, como eras entonces y como yo era, y como nos amábamos, con todo el impacto del aprendizaje inocente sin que ni uno ni otra tuviéramos alguna experiencia.

¿Sabes qué me duele cuando evoco nuestros encuentros a escondidas, los sobresaltos en el ocultamiento y el latir apresurado de nuestros corazones? No haber sabido cómo expresarte lo que no sentí y quería conocer; no puedo ahora ni imaginar haber tenido un orgasmo contigo (aunque no conocía esa palabra entonces). Querría haber sabido apreciar un disfrute sensual de nuestros abrazos, y desechar el miedo, el si me agarran, el si se enteran, y es que nunca tuvimos un espacio nuestro para llenarlo de batir de alas y de murmullos de dicha. Nunca me mostré desnuda ante ti y ahora pienso que me habría gustado que me vieras y que me recorrieras con tu aliento cálido y tu olor a hombre.

(Estaba prendada de ese olor, que era una denominación que había sedimentado en mi interior cuando olía a mi padre recién bañado, tras un día fuerte de trabajo en la albañilería: era una mezcla de jabón *Palmolive* con un tenue aroma de cemento fresco enrollado entre los vellos de sus brazos).

No, no es que diga que no me hiciste feliz. Me hiciste sentir casi mujer y eso es mucho. Pero no sabía yo ser mujer todavía. Me dolía ser flaca y no tener unos senos túrgidos como te gustaban. No supe sacar partido de mi vientre plano, extraplano, de mis muslos y piernas musculosas de deportista, de mi pelo lacio y largo que no movía con coquetería (eso lo aprendí después), y de mi vocecita aniñada que podía decirte ternezas. Pero olvidar tu cumpleaños no debía ser.

¿Te acuerdas que nos hicimos novios el día en que cumplías tus 15? Veníamos caminando juntos, muy pegados, sintiendo el refrescar de un noviembre en que los días se acortan y llegaba

el oscurecer aun en plena tarde con esa complicidad necesaria para decidirte y que yo me deci-
diera.

Ya habían pasado los días de vernos de lejos y
saludarnos con la mano con ojos asustados y
salto en el estómago...Atrás habían quedado las
pequeñas conversaciones, las primeras confesio-
nes sobre qué te gusta más y de sonreír por na-
derías. Ese día todo era verdaderamente en serio. Tú estabas eufórico en tu cumpleaños y te
creías hombre, y yo, que ya había cumplido 14,
pensaba que estaba muy cerca de ser mujer.

Me esperaste a la salida de la escuela y me pre-
guntaste si podías acompañarme y sentí que la
tarde gris se ponía azul, violeta, rosada, llena de
estrellas y luceros que alumbraban para mí. Sí,
te dije, y echamos a andar.

Parados en una esquina cercana a un aserrío,
con un fuerte olor a resina, a madera recién cor-
tada, bajo la fronda de un nogal, aseguraste que
estabas enamorado y yo ya lo sabía y te quería
desde mucho antes, y esperaba ansiosa esta declaración, y te respondí enseguida que sí, felicidades, por tu cumple, felicidades porque somos
novios, felicidades por la vida... ¡Qué linda y
buena fue esa tarde!

Despedirnos fue doloroso, no quería despren-
derme de tu mano aferrada a la mía, pero mamá
y papá esperaban en un tiempo justo, no después, y tenía que continuar andando hacia mi
casa. De todas formas no tuve que esforzarme
para llegar rápido: volaba, caminaba a saltitos,
tenía energía en la sangre y en el corazón. Llegué feliz, tralalalala, cantaba, y hasta mi calle
pobre, sin asfalto, refulgía a mi ojos.

¡Cómo te amaba!, creo que nunca lo supiste antes y tampoco lo sabrás ahora, porque esta carta irá como tantas otras a engrosar mis papeles, ya amarillos, en los que te cuento y te canto.

Por años me acompañó un sobresalto que no era más que la respuesta de mi nerviosismo con solo mencionar tu nombre. Pero ¡te fuiste tan lejos, con el mar por medio y familias distintas y geografías diferentes!... y ya no pude siquiera decirte que amores así no abundan, que merecíamos probar suerte, que deberíamos, aunque sea una vez, haber vivido a plenitud un encuentro de amantes.

Y ya no digo más, solo dispensarme por no haberme acordado de tu fecha de cumpleaños. Salud, larga vida, éxitos, amor, trabajo, todos, todos los buenos deseos que una le dice a un familiar, a un amigo...Pero a tí, además, agrego: ojalá la vida nos permita encontrarnos frente a frente, sin el viejo nogal y sin las expectativas de entonces. Vernos, abrazarnos, reconciliarnos con el pasado y marchar cada uno a su entorno, a los nuestros, a los amores que nos nutren ahora. No pido más.

Te abrazo y te beso

Tu amor del pasado

¡LA RUEDA DE CASINO!

Ese fin de año nos reunimos 42 integrantes de la familia en torno a un lechoncito asándose, mientras el ron y la cerveza hacían de las suyas en los cuerpos, la música surgía de las guitarras de papi y de tío Miguel y un coro desafinado entonaba pegajosas melodías de todos los tiempos "el que siembra su maíz que recoja su pinol".

Primero fue la colecta de dinero para comprar el puerquito y lo demás. Algo siempre simpático, porque como en todo grupo humano, en el nuestro hay personas espléndidas y otras más tacañas que el cará. Lo de Juan, mi papi, nunca tuvo nombre: "cómprenlo que yo recojo la leña", decía así sentado en su sillón mientras afinaba las cuerdas de su guitarra.

"La guitarra es como la mujer, hay que acariciarla, ajustar las clavijas, templar las cuerdas para que el sonido brote limpio y armonioso. Así se hace música, pero si no, solo saldrían notas sueltas, desquiciadas, pero música, lo que se dice música, no". Así decía mientras le pasaba la mano a la guitarra por su cintura con algo de picardía en el rostro.

Ya desde horas tempranas dos de sus yernos y varios nietos varones abrían un hueco rectangular en el patio para anidar el carbón y calculaban dónde colocar las horquetas, unas pulgadas por encima de la tierra para sostener la parrilla en la que descansaría el puerquito muy limpito, abierto al centro "para que se dore por ambos lados y quede muy tostadito"

La madre, junto a sus hijas, pelaban la yuca, limpiaban el arroz y los frijoles negros, picaban naranjas agrias y ajos, cebollas y ajíes para el congrí y el mojo de la yuca. Lo de la ensalada vendría después.

Las nietas limpiaban el portal y ponían su toque primaveral al último día del año, con flores y guirnaldas de luces por aquí y por allá y el mantel de día de fiesta en la mesa redonda y entre todas sacaron y conectaron el equipo de música, que ya sonaba desde bien temprano.

Cerraba 1996 y había un poco de aire frío. Esta gran familia solo lamentaba la ausencia de tres de sus miembros en este solemne día de estar todos juntos: el primer yerno, que había viajado a Canadá desde 1991 y allá esperaba a que alguna vez, los suyos pudieran reunírsele. El doctor, también yerno, y el nieto primogénito, ambos emigrados en 1994, el primero hacia el sur del continente, a la Argentina, sueño europeo de muchos latinos, y el joven, debutante como balsero, quien tratando de llegar al vecino país del norte resultó interceptado por un buque de marines que lo llevaron directamente a la Base Naval de Guantánamo, donde en un limbo ilegal estuvo retenido por meses hasta que finalmente fue trasladado a Washington D.C.

Antes, mucho antes, en 1962 había emigrado la tía Aida, siguiendo los pasos de su hija. Esa ausencia fue para papi un vacío que nadie nunca logró llenar, por la ruptura total de las relaciones entre los dos países y la nostalgia que se adueñaba de él por una hermana adorada con la que siempre, aun desde la lejanía, intercambiaba bromas. Ellos se cobraban una deuda de 80 centavos el uno a la otra y viceversa. Nunca supimos quién le debía a quién.

Pesaban sus partidas, claro que pesaban, pero transcurrido un año de miseria casi absoluta en el país, la familia había decidido festejar la vida, la unión, la dicha de tenernos, a la manera de un arma protectora contra todas las penurias. ¡Fue como una premonición!

Costó mucho esfuerzo y dinero ir de un lado a otro, incluso fuera de la ciudad, para conseguir el animal y demás avituallamientos, pero los encargados del abastecimiento regresaron hasta con dos cajas de cervezas, una de refrescos y varias botellas de ron. ¡Todo estaba a punto! Había comida y bebida abundantes, música en vivo y grabada y enormes deseos de fiestar por parte de los asistentes.

De a poco fueron llegando a lo largo del día, además de las cinco hijas con sus parejas, nietos y nietas, -la mayoría ya con sus cónyuges e hijos propios- hasta completar la totalidad del bando. Luego, como invitados especiales, tío Miguel y su familia, guitarra incluida.

Entonces sí rompió el fiestón. Tío Miguel y papi acoplaban las voces, uno hacia la voz prima y el otro la segunda, y vinieron los boleros y las canciones desgarradoras de antaño, y la mujer a rodar en las letras de las canciones, por el pesar del macho en bares y cantinas "si quieres conocer mujer perjura, los tormentos que tu infamia me causó...". Por suerte otras eran menos lesivas a las féminas y algunas guarachas picarescas resultaban bien divertidas "valga que hablé que si no, me coge el gallo Rufina, eso lo dijo un perico cuando un gallo equivocado lo confundió con gallina" y todos a corear "cuidaíto compay gallo, cuidaíto".

En el descanso de los "artistas" se alzaba la música grabada para disfrute de jóvenes y menos jóvenes y entonces, se formaba una gran rueda de casino: ritmo y parejas moviéndose al unísono como coreografía ensayada, vueltas y cambio de parejas, y el gira-gira provocando risas y mucho movimiento. ¡Era la apoteosis festiva!. "Dí que no", "ni pa´ti ni pa´mí", "yogurt", voces de mando del guía, que lo mismo era uno que otro.

"Que alguien pase al centro", dijo alguno, y uno tras otro los bailadores entrando al ruedo a demostrar sus habilidades danzarias. "Hasta el piso", "cintura! Y los rostros bañados en sudor ajenos a la frialdad de este parcial invierno cubano.

"Pásame una bien fría", gritaba uno...y problemas esfumándose y penas corriendo desbocadas hacia otros lares, que aquí, en la fiesta de la familia "no quiero llanto". Ahí mismito el dúo de primos "llevaba medias negras y me robó el corazón", sus pantomimas y disfraces... ¡tremendo jolgorio!

Y ahora, "a comer macho asado" y a seguir cantando y bailando, y así llegaba el nuevo año y abrazos y besos, y el cubo de agua hacia afuera, "pa´que se lleve lo malo", y todos deseando que "el nuevo fuera muy bueno, con salud y felicidad y trabajo y comida, y que Cuba mejore y que siempre estemos juntos"...

Cinco meses después nos volvíamos a reunir para celebrar el 80 cumpleaños de papi. Él y mami tenían el poder de actuar como imanes hacia el resto de la familia... todos, todos los que se sentían parte de este gran árbol, acudían una y otra vez por el solo goce de estar juntos.

En fatídicos días de julio, apenas a dos meses de la última celebración, la familia entera estaba de guardia en el Hospital Calixto García. El 19, llorábamos la partida física del albañil, del jefe, del músico, del boxeador Kid Ferrer, -36 peleas invicto hasta que el "carnicero de Santa Clara" lo derrotó- y volvió convencido de que ladrillos y cemento eran un trabajo menos riesgoso.

Nos dolíamos, y aún nos dolemos, de la muerte del esposo y padre estricto, que se había ido convirtiendo en un anciano venerado y venerable, adorado por nietos y nietas, que le gastaban bromas y lo despeinaban a sabiendas de que eso le mortificaba, pero luego le abrazaban fuerte en señal de cariño y respeto. Solo los tres ausentes, ya en lejanas tierras, no acudieron a su entierro. Nadie podía imaginarse que ese sería el último encuentro masivo de la familia.

Pareciese que en ausencia del rey, el reino empezaba a desmoronarse. Ese año, en noviembre, apremiados por problemas económicos y falta de bienestar material, emigraron otros dos de los nietos a Argentina, y un mes después, la menor de los cuatro hijos mayores, junto a su hija tomaban un avión hacia Canadá en una tarde tormentosa en que el cielo se derramó, tal vez en solidaridad con el llanto de quienes quedaban en tierra.

Meses después, otro nieto, tomaba el caminito ya trazado hacia el país del tango, y aunque hubo bromas y risas en su despedida, el pozo se iba profundizando.

Luego partiría mi hija mayor a España, en pos de su novio, prometiendo "vuelvo pronto", algo que no cumplió. Su salida agujereó mi alma para siempre. Tres meses después, nuestros corazones parecían detenerse con sucesivos desgajamientos: otro nieto con su bella esposa y sus dos pequeños hijos, iban a viajar el día del derribo de las torres gemelas, episodio que frenó su viaje, pero apenas por unos días. El vuelo hacia Canadá salió con esa hermosa carga y hasta hoy no ha habido regreso.

Luego fue otra nieta, quien se "sacó" el bombo y allá partieron, a cumplir su sueño americano, ella, esposo y los tres hijos, dos de ellos, jimaguas, bebitos aun. La suerte estaba echada, así que en ese querer salir y llegar a otros lares, una sobrina política con su pequeño compraron "el sorteo" que les dio derecho a viajar, el esposo pensó que aguantaría a pie firme hasta que le fuera posible reunirse con ellos nuevamente. No fue así, él empezó a desesperar desde el mismo momento en que el avión levantó vuelo o tal vez desde antes. Vinieron entonces múltiples intentos de salida ilegal, una, dos, tres veces, para regresar siempre deprimido, saqueado hasta el último dólar por bandoleros traficantes de personas, picado por mosquitos y otros bichos, desecho su coraje y osadía. Aun así consiguió una visa para un tercer país y se quedó en la escala del vuelo en Honduras a escribir otra página de horror en la que pudo perder la vida, hasta que un mes después, famélico, casi destruido cruzó la frontera entre México y Estados Unidos.

Ya desde el sur del continente, su hermano con esposa e hija nacida en tierra austral, habían realizado ese mismo recorrido para beneficiarse de la "ley" que recibe en el país más poderoso del mundo a los cubanos que llegan de manera ilegal y pisan suelo norteamericano.

¿Se detuvo aquí el sálvese el que pueda? No, tras esos hijos, corrió la madre, con visa por Canadá y entrada por la frontera de ese país con Estados Unidos.

La otra, que ya tenía sus dos hijos mayores en Argentina, voló finalmente con el menor hacia allí, a aprender a beber mate y a bailar tango, y se encontró con la partida desde ese territorio vía México al vecino país del norte, de los dos que ya estaban residiendo en la nación latinoamericana, así que se quedó varada con su tercer hijo en la tierra del Ché. Había dejado ella atrás, casa, comodidades y una profesión digna en la que era muy reconocida.

En todos estos años y en diferentes latitudes han nacido niños de la familia, que claro, nunca han viajado a la patria de sus padres. Otros, que partieron muy pequeños ya son hombres y mujeres, estudian, trabajan y conocen de acá por fotos.

En este tiempo transcurría la vida y mi madre envejecía mucho más que el resto de los que quedamos en nuestro suelo. Ella no entendía, no podía entender la diáspora. Muchas veces trataba de calmarla con un razonamiento que también repetía para mí, para que esa sinrazón me ayudara a sobrellevar tanta ausencia: ¿Tú y papi no vinieron desde Ciego de Ávila a La Habana tras de sus hijas y nietos? Le preguntaba, y ella respondía que sí, que así había sido. Entonces yo remataba afirmándole "La Habana de mis hermanas está mucho más lejos".

Las ausencias se fueron haciendo cada vez más pesadas, incargables, desalentadoras. ¡Cuántas veces mami clamó por un abrazo, un beso, de alguno de los ausentes! Su singular y proverbial locuacidad fue cediendo paso a silencios conmovedores, a un encierro interior solo traducido en miradas tristes de sus ojos que se iban aclarando con los años, ahora eran azulísimos, como si el mar y el cielo se hubiesen encerrado en ellos.

Cuando mami falleció solo dos de sus hijas y cinco nietas, además de uno de sus yernos, estuvieron en su entierro, junto a otros familiares y amigos. El vacío había levantado un trono en lo que antes fue una familia numerosa y amorosa. El pesar de la diáspora familiar me llevó a escribir Contraste/ Se discute de guerra,/ Se exaltan los ánimos,/ llueven criterios sobre bombas y mi-

siles/ abruma el ambiente: los muertos,/ las olea-
das de ataques aéreos, /las torres caídas, las víctimas.../ Entre tanto, me refugio en mis recuerdos.../ Cuando era niña, qué sencillo todo, /Si había dinero, comíamos, /Si día de fiesta, un ban-
quete;/ El fin de año, ropa y zapatos nuevos,/ En
Reyes, algún juguete menor, /Pero siempre, en
demasía, amor,/ Toneladas de amor. /El padre,
oloroso a cemento, con su guitarra; / Cansada, la
madre, tras lavar ropa ajena, /Apretados los seis
hijos en dos camas.../ Aun así, el domingo vola-
ban las canciones/ Por la pequeña ventana. /
¿Había guerra? Tal vez, / ¿se moría gente? Seguro, / pero teníamos un arma superior /que aún
puede salvar la especie humana: /estábamos
juntos y nos amábamos.

Ya nunca logramos bailar en una rueda de casino nuestra. Nos seguimos amando y queremos
conservar la poderosa ilusión de que seguimos
siendo una familia, sólo que dispersa en la geografía universal. Aun así, en fechas festivas me
encantaría oír a alguno dando las órdenes para
la coreografía: ni pa´ti ni pa´mí, yogurt, y digo
no, doble, pásame la tercera...

UNA AUSENCIA INSOPORTABLE

La ansiedad por las plantas, los árboles, las flores, el espacio abierto, signó mi niñez de sexta hija en humilde núcleo familiar, en el que primaba el concierto del amor verdadero, -que se comparte en el abrazo de una riqueza emocional intensa, de varios hermanos en una misma cama-, y que dio pie a las alas surgidas a la imaginación y a la ternura por paisajes desconocidos narrados muchas veces por la madre, campesina de pura cepa, quien nació con el cielo por techo y las verdes y empinadas laderas de las lomas de un pueblito llamado Tamarindo como geografía particular.

Sin atisbo de instrucción, -como no fuera la cultura heredada de una familia de origen español, cuyos principales preceptos eran la disciplina y la honradez-, ella podía hilvanar una historia tras otra, casi siempre relacionada con el verdor de la campiña, con el sol al nacer o al ponerse, con el susurrar de las aves en el follaje de los árboles, con las cantarinas aguas serpenteantes entre las piedras del arroyuelo...

Así nacía en los hijos el anhelo secreto de correr libres por el monte, cultivar una planta o caminar por el musgo del arroyo, donde las aguas frías por la caída desde la cima de la montaña, mojaran y escalofriaran los cuerpos. ¡Mucho soñar había en cada uno de sus relatos!

Luego, ya hubo casas nuevas para todos los hijos y los padres gozaron de amplitud de espacios y de un jardín, donde ella plantaba y cuidaba con manos de hada, múltiples plantas, en especial un rosal de flores amarillas, que dicen solo se conseguía mediante injertos y que su magia logró apenas de una rama.

Entonces, apareció el Parkinson y cada vez la fue convirtiendo en una anciana temblorosa al más leve viento como su propio rosal, que requería de ayuda para cada acto de su existencia. A veces trastabillaba para caminar, otras decía le temblaba el cerebro.

Sus cuentos y anécdotas las fuimos oyendo cada vez en tono menos audible hasta llegar al silencio; su pudor de siempre tuvo que permitir el baño por otras manos, la colocación de pañales y el esperar a que le diéramos la comida y los medicamentos, como si volviera a ser niña. No se habituaba a ser un vegetal tembloroso y sus ojos verdiazules transparentes, sinceros, amorosos, se reprochaban la incapacidad.

Muchas veces sentada a su lado, creyendo que dormitaba, sentí la presión de sus dedos largos y finos en mis manos endurecidas por el detergente y el trabajo, y adivinaba, más que sabía, sus deseos del momento. También desesperaba cuando no atinaba a dar con lo que quería y lloraba silenciosa a su lado, queriendo recuperar la madre que ya no estaba.

Un día se quedó dormida para siempre. Sus hijos no entendíamos cómo o por qué si hacíamos lo inaudito para su bienestar y cuidado. Desde entonces, mi llanto es más interno y atormentador: ¡quiero traerla de vuelta, aunque no me hable, aunque no me cuente sus historias!...creo que me faltó decirle que ella es la luz de nuestras vidas.

ZENAIDA FERRER MARTÍNEZ

Después de la línea

ZENAIDA FERRER MARTÍNEZ

Editorial Letra Viva ©

2015

251 Valencia Avenue #253
Coral Gables, FL 33114

www.ingramcontent.com/pod-product-compliance
Lightning Source LLC
Chambersburg PA
CBHW071005040426
42443CB00007B/671